Alexander Flores

INTIFADA

Aufstand der Palästinenser

Überarbeitete Neuauflage

Rotbuch Verlag Berlin

2. aktualisierte Auflage 1989

Umschlaggestaltung: Michaela Booth, Berlin
Foto von dpa/epa
Gesamtherstellung: Wagner GmbH, Nördlingen

ISBN 3-88022-335-1

Inhalt

W E S T B A N K   U N D   G A Z A S T R E I F E N

mit den im Buch erwähnten Orten

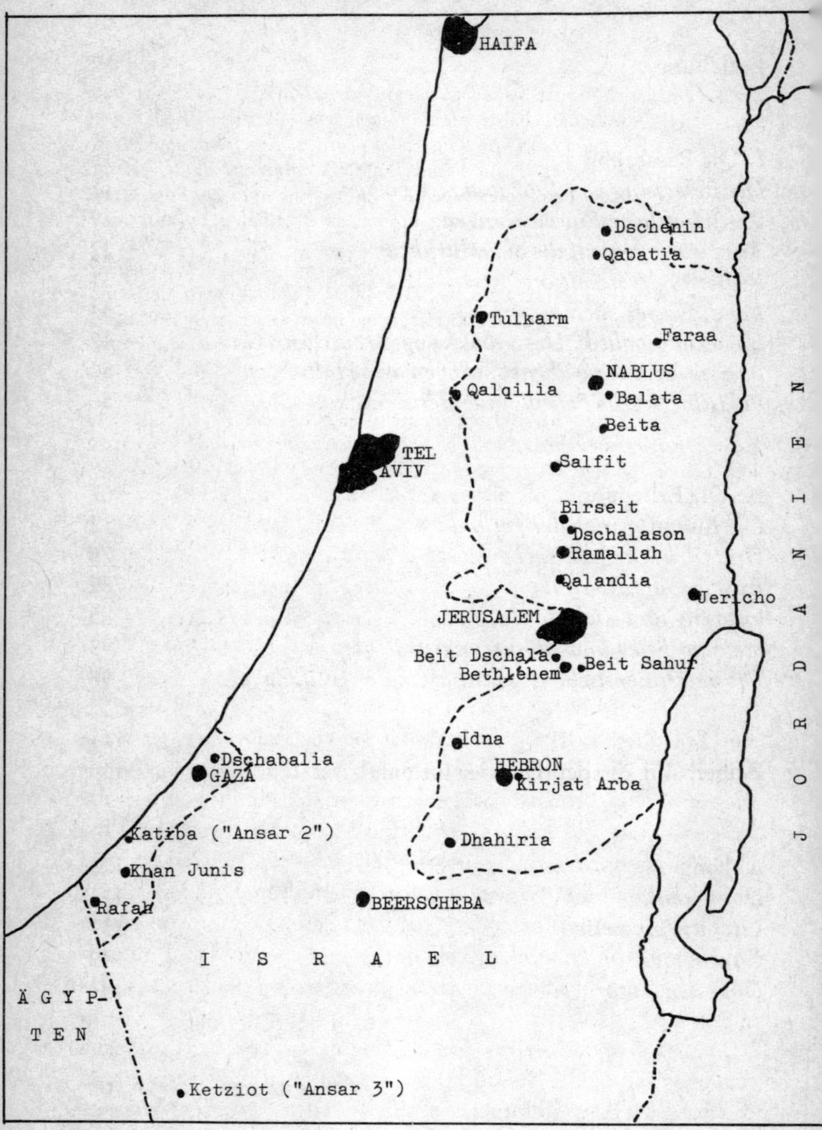

Einleitung

Gaza, Umar-al-Mukhtar-Straße, an einem Morgen im Mai 1988. Es ist kurz nach neun, die Geschäfte haben gerade aufgemacht – die vereinigte Führung der Intifada läßt alle Läden von 9 bis 12 Uhr öffnen. Aus einer Seitenstraße einbiegend, höre ich Schüsse und sehe 200 Meter hinter mir auf der Hauptstraße zwei größere Patrouillenwagen der Armee, die mitten auf der Straße angehalten haben. Soldaten springen in höchster Aufregung herunter, stehen herum, das Gewehr im Anschlag, und wissen nicht, was sie machen sollen: Steine kommen geflogen, man sieht aber nicht woher. Wahrscheinlich von Dächern oder aus Fenstern. Die Soldaten würden gern die Steinewerfer verfolgen, im üblichen Stil, Hasenjagd, aber sie wissen nicht einmal, wo sie stecken. Dies ist eine Stadt mit mehrstöckigen Häusern, immerhin – aussichtslos, die Steinewerfer bei Durchsuchungen zu finden. Was also tun? Und immer weiter fliegen die Steine!

Schließlich halten die Soldaten ein arabisches Auto an und zwingen den Fahrer, bei ihnen stehenzubleiben. Das stoppt den Steinhagel. Die Szene löst sich in Wohlgefallen auf. Mit großem Tempo braust noch ein Jeep herbei, aber es gibt schon nichts mehr zu tun.

Während all das sich abspielt, zieht einer der flachen Eselkarren, wie sie in Gaza als Verkaufsstände üblich sind, dicht an den Armeefahrzeugen vorbei, ganz langsam, in aller Ruhe, nur die beiden knallbunten Sonnenschirme auf dem Karren wippen mit dem Schritt des Esels. Die Händler stehen vor ihren Läden und schauen sich die Szene mit mäßigem Interesse an; wenn überhaupt etwas auf ihren Gesichtern zu sehen ist, ist es ein leises Schmunzeln.

Die Episode, so wenig spektakulär sie auch sein mag, ist symbolisch für die heutige Lage in den besetzten Gebieten. Nicht die israelische Armee hat die Situation in der Hand, sondern die jungen Leute, die Steine werfen. Sie bestimmen, wann und wo eine Auseinandersetzung stattfindet, sie sind so wendig und geschickt, daß die Armee ihnen nicht beikommt, und wenn sie sie dann fassen will, stößt sie oft ins Leere. Die Umstehenden sind nicht von Schrecken gebannt, wenn die Soldaten auftauchen, sondern schauen sich die Sache gelassen an – für sie ist das schon Routine.

Früher war das anders. Da war es oft die Armee, die durch ihr provozierendes Erscheinen Zusammenstöße auslöste und die das auch ganz kalkuliert tat, um Verhaftungswellen, Universitätsschließungen und ähnliches zu rechtfertigen. Oder schlimmer noch: Palästinensische Fraktionen bekämpften sich gegenseitig, und die Armee kam allenfalls, um ihrerseits die Rolle des gelangweilten Zuschauers zu spielen.

So geschah es z. B. im Juni 1983 in der Universität Birseit – eigentlich eine Hochburg des palästinensischen Nationalismus. Hier fühlte sich der »Islamische Block« – eine Koalition radikaler islamischer Kräfte – in seiner Aktionsfreiheit vom Studentenrat beschnitten. Eines Tages holte er Verstärkung herbei, zog in einem Marsch von der Moschee zur Universität, sprengte ein Tor und drang ein. Die nationalistischen Studenten waren darauf vorbereitet, und es folgte eine erbitterte Schlacht zwischen den beiden Lagern, mit Steinen, zerbrochenen Flaschen, Eisenstangen usw. Sieben Studenten wurden teilweise schwer verletzt. Auf dem Höhepunkt der Schlacht erschien eine kleine Armeeabteilung, die offenbar geschickt worden war, die »Ordnung« wiederherzustellen. Die Soldaten schauten sich die Auseinandersetzung an, bemerkten, daß es nicht gegen sie ging, setzten sich in ein Café, leerten ein paar Dosen Bier und zogen wieder ab. Es bedurfte später des ganzen Verhandlungsgeschicks der Universitätsleitung, die feindlichen Parteien wieder zu trennen.

Derart gewaltsame Auseinandersetzungen der Palästinenser untereinander kamen nicht oft vor, aber daß es sie überhaupt gab, war ein Zeichen der Zeit. Niedergang und Verzweiflungsstimmung bei der nationalen Bewegung gingen mit vermehrten Fraktionskämpfen einher.

Das wäre heute ausgeschlossen. Heute richtet sich der Kampf ausschließlich gegen die Armee, gegen jüdische Siedler und gelegentlich gegen offene Kollaborateure. Das ist aber nur ein Aspekt der großen Wandlung, die mit der palästinensischen Gesellschaft unter der Besatzung in den letzten Monaten vor sich gegangen ist. Wenn man die besetzten Gebiete früher kannte und sie heute wieder besucht, wird man von der Veränderung überwältigt. Äußerlich ist sie nur gelegentlich zu bemerken, wenn man etwa die ausgestorbenen Straßen an Streiktagen oder die verstärkte Präsenz von Soldaten sieht. In Gesprächen mit den Menschen und bei der Beobachtung ihres Verhaltens wird sie um so deutlicher. Diese frappante Veränderung ist eine Auswirkung und ein Aspekt der Intifada, der Erhebung der Palästinenser in den besetzten Gebieten.

Vor allem während ihrer ersten Monate hat die Intifada in den Medien der ganzen Welt große Aufmerksamkeit gefunden. Dabei wurden vor allem ihre spektakulären, weithin sichtbaren Erscheinungsformen registriert: Demonstrationen, Straßenkämpfe, Geschäftsstreiks. Auch mit Erklärungsversuchen war man schnell bei der Hand. Und schließlich wurden auch die harten israelischen Unterdrückungsmaßnahmen nicht aus der Berichterstattung ausgeklammert, wobei man sich allerdings auch hier auf besonders spektakuläre Brutalitäten konzentrierte.

So wichtig eine intensive Berichterstattung auch in diesem Fall war, so erfreulich es ist, daß endlich einmal das Problem der von Israel besetzten Gebiete in die Schlagzeilen kam, und so richtig auch manche Erklärungsansätze gründlich recherchierender Journalisten waren: Insgesamt erhält man ein verzerrtes Bild, wenn man sich nur auf die Berichte in Presse und Fernsehen stützt. Nur wenige Beispiele:

Nachdem die Intifada im Gazastreifen ausgebrochen war, besuchten viele Journalisten die Flüchtlingslager dort, entdeckten – mit großer Verspätung – das große *Elend in den Lagern* und boten es als wichtige, wenn nicht sogar einzige Erklärung der Unruhen an. Damit lagen sie falsch. Das Hauptproblem, auf das die Intifada antwortet, ist nicht materielles Elend. Wäre es so, dann hätte sie schon vor Jahrzehnten ausbrechen müssen. Materielles Elend trägt zur Schärfe der Problematik bei, aber um diese richtig zu erfassen, muß man schon etwas genauer hinsehen.

Ein anderer Erklärungsversuch ist der *islamische Extremismus.* Die in Gaza zweifellos vorhandenen radikalen islamischen Kräfte werden über Gebühr aufgebläht und zu den Hauptakteuren des Ausbruchs emporstilisiert. Dabei helfen dann gewisse Umstände, wie die Benutzung der Moscheen als Versammlungsorte, die ihrer Lautsprecher zur Ausgabe von Parolen und der Kampfruf »Allahu akbar!« Sieht man genauer hin, bemerkt man, daß nur ein Teil der islamischen Kräfte sich an der Intifada beteiligt und daß auch er nicht in der Lage ist, der Bewegung einen spezifisch islamischen Stempel aufzudrücken. Sie ist eine nationale Bewegung, die sich lediglich einer islamischen Symbolik bedient, und auch dies nicht im Übermaß.

In den Berichten über die Unterdrückungsmaßnahmen der Armee haben sich die Medien auf Fälle besonderer *Brutalität von Soldaten* gegenüber wehrlosen Palästinensern konzentriert. Dabei entstand dann oft der Eindruck, solche Fälle resultierten aus dem Sadismus oder dem Übereifer einzelner Soldaten, und das wurde als Skandal hingestellt. Nun ist es sicherlich beschämend, daß sich Menschen gegenüber anderen Menschen so benehmen können, und dies anzuprangern ist richtig. Es ist aber irreführend, wenn sich die Berichterstattung auf besondere Brutalitäten konzentriert. Der eigentliche Skandal liegt nämlich nicht im Sadismus einzelner Soldaten – den gibt es wohl in allen Besatzungsregimes. Er liegt auch nicht in den besonders entsetzlichen Fällen von Brutalität, so schlimm diese auch sind. Der eigentliche Skandal liegt darin, daß durch 20 Jahre Besatzungsregime ein Klima aufgebaut wurde, in dem sich Sadismus entladen kann, und darin, daß dem massenhaften Einsatz brutaler Gewalt nicht gegengesteuert wird, sondern Befehle und »grünes Licht« von oben ihn oft sogar ermutigen. Der eigentliche Skandal liegt also auf der politischen Ebene. Letzten Endes besteht er darin, daß die israelische Führung glaubt, eine Bevölkerung, der sie seit mehr als 20 Jahren ihre Selbstbestimmung verweigert, nun, wo sie sie einfordert und endlich ihr Schicksal in die eigenen Hände nimmt, mit militärischer Gewalt niederhalten zu können.

Die Medien haben also in manchen Punkten ein zu oberflächliches Bild der Intifada gezeichnet. Um sie wirklich zu verstehen, um auch ihre tieferen Gründe zu sehen, muß man die ökonomische, soziale und politische Entwicklung der palästinensischen Gesellschaft unter der Besatzung betrachten und auch die Aspekte der Intifada erfassen, die nicht so klar zutage liegen und daher in der aktuellen Berichterstattung vernachlässigt werden. Dieses Buch ist der Versuch, ebendas zu tun. Es ist geschrieben von jemandem, der aufgrund eigener Erfahrung und längerer Studien die Verhältnisse unter der Besatzung zu kennen glaubte, den die Intifada, ihr Ausmaß und ihre Reife sehr überraschten und der sich bemüht hat, seine Vorstellungen anhand der neuen Ereignisse zu revidieren.

Dem Grundkonzept folgt auch der Aufbau des Buchs: Im ersten Teil versuche ich einen Abriß der relevanten Entwicklungen in den besetzten Gebieten seit 1967, im zweiten Teil eine analytische Darstellung der Intifada selbst. Dabei lege ich den Schwerpunkt naturgemäß auf die Verhältnisse im Inneren, d. h. auf der Ebene der israelisch-palästinensischen Auseinandersetzung und vor allem bei der palästinensischen Gesellschaft selbst. Die »große Politik« wird nur soweit herangezogen, wie es zum Verständnis der Intifada unbedingt erforderlich ist.

Es geht mir nicht darum, in allen möglichen strittigen Punkten, die mit dem Thema zusammenhängen, die Richtigkeit des palästinensischen Standpunkts nachzuweisen oder in diese Richtung zu argumentieren. Vielmehr liegt mir daran, die palästinensische *Erfahrung* darzustellen und das Verhalten der Palästinenser aus ihr zu verstehen.

Das Buch erhebt keinen wissenschaftlichen Anspruch. Auf einen Anmerkungsapparat und eine ausführliche Bibliographie wird daher verzichtet. Dagegen werden im Anhang zu jedem Abschnitt die wichtigsten benutzten und darüber hinaus nützlichen Titel genannt. Im Anhang finden sich auch einige kurze Dokumente und Analysen, alle palästinensischen Ursprungs.

Einige Kreise der westdeutschen Linken und die Reste der Palästinasolidaritätsbewegung haben die Intifada zum Anlaß genommen, den alten Streit um den Charakter des Staates Israel wiederzubeleben: Die These seiner Vergleichbarkeit mit dem nationalsozialistischen Deutschland einerseits bzw. die Frage eines linken Antisemitismus andererseits wurden wieder laut. Die Positionen in diesem Streit sind nicht neu, und auch bei dieser Gelegenheit wurden sie nur wiederholt, ohne daß neue Gesichtspunkte hinzukamen. Die Intifada und die blutigen israelischen Unterdrückungsversuche dienten ganz offensichtlich nur als Vorwand, den eigenen Standpunkt erneut vorzubringen. Auch die Argumente für die Positionen wurden in aller Regel nicht aus den heutigen Entwicklungen abgeleitet, sondern dem Standardrepertoire der jeweiligen Standpunktinhaber entnommen.

Das ist beim geistigen Zustand der hiesigen Linken nicht verwunderlich, aber gleichwohl bedenklich: In den besetzten Gebieten findet eine sehr reale und massive Auseinandersetzung statt, die blutige Opfer kostet. Ein Volk wehrt sich gegen seine Unterdrückung, die besetzende Macht versucht die Besatzung mit allen Gewaltmitteln aufrechtzuerhalten – und für die deutsche Linke ist das bloß Anlaß zu einem Streit über ihre Identitätsprobleme! Es kann in den besetzten Gebieten Palästinas keinen Zweifel geben, wer der Unterdrücker und wer der Unterdrückte ist – und doch: Es gibt sehr gute Gründe, sich auch aus Besorgnis um Israel und seine Bewohner für eine Regelung des Konflikts einzusetzen. Ob er sich hier engagieren kann oder soll, und sei es auch nur am Schreibtisch, muß jeder für sich entscheiden. Wer es aber tut, sollte es aufgrund der soliden Kenntnis der Situation tun, in die er eingreift oder über die er sich äußert. Wenn man im Zusammenhang mit der Intifada Solidarität mit den Palästinensern üben will, dann sind zum x-ten Mal wiederholte Geschichten über die Zusammenarbeit der zionistischen Bewegung mit Hitlerdeutschland in den 30er Jahren wenig hilfreich. Und im Grunde nützt es umgekehrt auch Israel nicht, wenn man ihm mit dem Argument beispringt, es sei der Staat der Überlebenden des Holocaust. Der Holocaust und sein Fortwirken in der israelischen Erinnerung kann manche Züge der israelischen Mentalität und Politik verstehen helfen. Entschuldigen kann er nichts.

Ob man die Palästinenser nun feiern will oder verdammen, ob man die israelische Politik rechtfertigen will oder kritisieren – man muß seine Argumente auf die heutige Realität am Ort beziehen. Der Rückgriff auf die Geschichte kann die heutige Realität verstehen helfen, aber nur, wenn er selbst historisch präzise erfolgt. Wer die Geschichte nur durchforstet, um nach punktuellen Argumenten für seine Spezialdoktrin zu suchen – sei diese nun »Zionismus gleich Faschismus« oder »Antizionismus gleich Antisemitismus gleich Faschismus« – dem wird sie den Blick auf die heutige Realität verstellen oder verzerren. Mit vorgefaßten ideologischen Schablonen aber ist keine wirkliche Solidarität möglich – weder mit den Palästinensern noch mit den Israelis. Der oft geäußerte Verdacht, viele Deutsche engagierten sich vornehmlich deshalb in Sachen Nahost, um mit ihrer individuellen oder nationalen Vergangenheit fertigzuwerden, hat viel für sich. Und jeder hat natürlich das Recht, sich mit seiner Vergangenheit zu beschäftigen, soviel er will. Aber man sollte solche Vergangenheitsbewältigung dann auch beim Namen nennen und ihr nicht das Etikett der Solidarität aufkleben.

In der Palästinasolidaritätsbewegung hört man oft die Forderung, Israel müsse, um sich konzessionsbereit zu zeigen und einen Friedensprozeß einzuleiten, das ganze Ausmaß des von ihm an den Palästinensern begangenen Unrechts eingestehen und mit der zionistischen Staatsraison brechen. Wer das für die unabdingbare Voraussetzung des Friedensprozesses hält, wird wohl lange warten müssen. Kein Volk gibt gern und leichten Herzens zu, daß sein Staat auf historisches Unrecht gebaut ist.

Die Forderung der konsequentesten friedensbereiten Kräfte in Israel konzentriert sich heute auf eine Zwei-Staaten-Regelung. Darin treffen sie sich mit der Mehrheit der Palästinenser. Die meisten Israelis, die dieses Konzept vertreten, tun das nicht aus Altruismus, sondern aus der Überzeugung, daß es für sie selbst und für Israel am besten ist. Es gibt da bei einigen sogar rassistisch gefärbte Untertöne, nämlich den Unwillen, mit einer allzu großen Zahl von Arabern in einem Land zusammenzuleben. Das ist zwar nicht besonders schön zu hören. Wenn man aber die Zwei-Staaten-Regelung für einen positiven Schritt hält – und es gibt die allerbesten Gründe, das zu tun – sollte man die Zustimmung vieler Israelis dazu begrüßen, ohne sich über ihre Motivation Illusionen zu machen. Von diesen Israelis das Abschwören vom Zionismus zu verlangen heißt den Beginn des Friedensprozesses auf den St. Nimmerleinstag zu verschieben. Wirksame Solidarität mit den Palästinensern ist nicht unbedingt das Einnehmen einer *Haltung*, die der ihren möglichst nahe kommt, sondern die Unterstützung einer solchen Regelung des Konflikts, die ihren *Interessen* nicht zuwiderläuft.

I. Die Besatzung

Der Kampf um die besetzten Gebiete ist Teil einer umfassenderen Auseinandersetzung – des Palästinakonflikts. Soweit dieser Konflikt zwischen Staaten ausgetragen wurde, hat man ihn auch als israelisch-arabischen oder als Nahostkonflikt bezeichnet. Seine Grundlage war aber immer der Konflikt um Palästina, die Frage, wem dieses Land gehören sollte: den palästinensischen Arabern oder den Zionisten bzw. später den jüdischen Israelis. Der Konflikt begann vor mehr als 100 Jahren mit dem Eintreffen der ersten zionistischen Siedler im Land und dauert bis heute an.

Der politische Zionismus entstand in der zweiten Hälfte des vorigen Jahrhunderts in Mittel- und Osteuropa als Reaktion auf den verschärften Antisemitismus. Er versuchte die Judenfrage territorial zu lösen – durch Auswanderung nach Palästina. Die zionistische Bewegung wollte möglichst viele Juden nach Palästina bringen und dort einen jüdischen Nationalstaat gründen. Ganz unabhängig davon, wie man sonst den Zionismus beurteilt – *dieses* Ziel mußte ihn in einen frontalen Zusammenstoß mit den palästinensischen Arabern bringen, die das Land so dicht bevölkerten, wie es bei ihrer Wirtschaftsweise eben möglich war. Eine so massive Ansiedlung von Juden, wie sie die Zionisten im Auge hatten, konnte nur auf Kosten dieser arabischen Bevölkerung stattfinden. Das sahen auch die frühen Zionisten – die Parole »Ein Land ohne Volk für ein Volk ohne Land« wurde wohl nur zur Täuschung des Fußvolks ausgegeben. Was sie nicht sahen, waren die Probleme, die sich daraus für ihre eigenen Ziele, für das Land und für die ganze Region ergeben würden. Sie glaubten, man werde die Araber etwa durch Geldzuwendungen leicht zum Verlassen des Landes bewegen und eventuellen arabischen Widerstand ohne großen Aufwand neutralisieren oder brechen können.

Es gelang den Zionisten vor allem während der Zeit des britischen Mandats (1920-1948), viele Juden in Palästina anzusiedeln, einiges Land in strategisch günstiger Lage zu kaufen und eine ziemlich exklusiv jüdische Gesellschaft aufzubauen – alles das unter britischer Vorherrschaft. Ein entscheidender Schritt nach vorn war für sie der UN-Teilungsplan vom November 1947, die Gründung des Staates Israel (Mai 1948) und der anschließende arabisch-israelische Krieg, der damit endete, daß Israel nicht nur die im Teilungsplan für es vorgesehenen 56%, sondern 77% von Mandatspalästina unter Kontrolle bekam.

Für die Palästinenser war das eine Katastrophe. Mit diesem Wort (arabisch »Nakba«) werden denn auch die Ereignisse von 1947/49 im palästinensischen Sprachgebrauch bezeichnet. Etwa 750 000 Palästinenser wurden aus dem Staatsgebiet Israels vertrieben bzw. flohen aus Furcht vor den Kriegshandlungen oder vor Massakern. Bis auf eine geringe Anzahl ließ man sie auch nicht zurückkehren. Von den ca. 500 arabischen Dörfern in Israel blieben nur 100 bestehen, die übrigen wurden zerstört. Nur 156 000 Araber blieben in Israel.

Die heute sogenannten besetzten Gebiete, also Westbank und Gazastreifen, kamen damals nicht unter israelische Kontrolle. Die Westbank wurde von Transjordanien annektiert, um mit ihm zusammen das »Haschemitische Königreich Jordanien« zu bilden, und der Gazastreifen kam unter ägyptische Militärverwaltung, ohne daß Ägypten hier Souveränität beansprucht hätte. Dennoch wurden beide Gebiete von der »Nakba« stark betroffen. Die meisten Flüchtlinge ließen sich hier nieder. Viele Dörfer in der Westbank verloren ihr Land durch den Verlauf der Demarkationslinie; sie waren nun sehr peripher gelegen, mußten sich auf neue Zentren orientieren, und ihr Leben wurde durch ständige Grenzprobleme erschwert. Obwohl beide Gebiete unter arabischer Kontrolle blieben, waren sie nicht mehr wie vorher integraler Bestandteil Palästinas, sondern befanden sich gegenüber den jeweiligen Zentren – Ägypten und Ostjordanien – in einer Randlage. Diese Lage, die Isolation der beiden Gebiete, die Benachteiligung durch den jeweiligen Staat und die große Zahl der Flüchtlinge, die sich hier niederließen, führten zu weitgehender wirtschaftlicher Stagnation.

Die Besetzung von 1967 und ihre Folgen

Mit der Besetzung der beiden Gebiete durch Israel im Junikrieg von 1967 (von den Golanhöhen und der Sinaihalbinsel, die nie zu Palästina gehörten, sehen wir hier ab) wurden sie wieder ganz abrupt anderen Bedingungen unterworfen. Vor dem Krieg hatte die Westbank ca. 900 000, der Gazastreifen ca. 400 000 Einwohner. Im Verlauf des Kriegs und sehr bald nach ihm fand erneut eine Fluchtbewegung der Palästinenser statt. Vielfach handelte es sich auch um regelrechte Vertreibung. Von dieser Bewegung waren wenigstens 300 000 Leute betroffen; sie gingen alle nach Ostjordanien. Die Volkszählung vom August/September 1967 stellte für die Westbank 598 600, für das unmittelbar nach dem Krieg von Israel annektierte Ostjerusalem 66 000 und für den Gazastreifen 355 900 Einwohner fest. Zusätzlich zu den 320 000 Arabern, die damals als Staatsbürger in Israel lebten, kam also eine weitere Million unter israelische Kontrolle.

Noch während des Kriegs hatte die israelische Armeeführung erklärt, sie wolle keinerlei territoriale Gewinne. Im Siegestaumel nach dem Krieg vergaß man diese Erklärung – wenn sie denn je ernst gemeint war. Das arabische Ostjerusalem – um erhebliche Gebiete im Norden und Süden erweitert – wurde gleich nach dem Krieg annektiert. Seine Bewohner wurden allerdings nicht automatisch israelische Staatsbürger. Auch von einem schnellen Rückzug aus den übrigen Gebieten war nach dem Sieg keine Rede mehr. Die offizielle Begründung lautete: Wir behalten die Gebiete als Faustpfand für Friedensverhandlungen mit den arabischen Nachbarn. Dieses Druckmittel wird endlich einen israelisch-arabischen Frieden ermöglichen. Dajan – seinerzeit starker Mann im israelischen Kabinett und als Verteidigungsminister unmittelbar für die besetzten Gebiete verantwortlich – erklärte wiederholt, er warte nur auf den »Telefonanruf aus Amman«, der um Friedensverhandlungen ersuche. Dieser Anruf blieb aus, wie man weiß. Und mit dem Junktim hatte sich Israel selbst einen bequemen Vorwand geschaffen, die Gebiete weiterhin besetzt zu halten, wenn es nur wollte. Und wie man an der Entwicklung seitdem klar sehen kann, wollte es: Der Sinai wurde im Rahmen des ägyptisch-israelischen Friedensprozesses zwar zurückgegeben, aber die Golanhöhen wurden 1981 ausdrücklich annektiert, und für Westbank und Gazastreifen war Israel allenfalls bereit, der *Bevölkerung* eine gewisse Autonomie zuzugestehen – von der Souveränität über ihr *Territorium* wollte es sich nichts nehmen lassen.

Es gibt drei mögliche Gründe für die israelische Absicht, die besetzten Gebiete auf Dauer zu behalten: militärische Erwägungen, also die Absicht, Israel größere »strategische Tiefe« zu verschaffen; wirtschaftliche Vorteile, die man aus den besetzten Gebieten zieht; und ideologische Gründe, nämlich die Vorstellung, daß vor allem die Westbank »historischer jüdischer Boden« ist, wo deshalb auch heute unbedingt Juden siedeln müssen und der zum jüdischen Staat gehören muß. Diese drei Gründe werden von Befürwortern einer Annexion oder Integration der Gebiete mit wechselnder Gewichtung, einzeln oder kombiniert, vorgebracht, und sie wirken auf einen großen Teil des israelischen Publikums tatsächlich sehr überzeugend. Gegenüber alldem ist das zunächst erklärte Ziel, nämlich die Gebiete als Verhandlungsmasse und Druckmittel in Friedensverhandlungen einzubringen, völlig zurückgetreten.

Israel steht aber hier vor einem Dilemma: Es möchte die *Gebiete* behalten; an ihren arabischen *Bewohnern* liegt ihm nichts. Als billige Arbeitskräfte und als Konsumenten israelischer Waren sind sie willkommen. Als gleichberechtigte Menschen, die ihre Rechte auch einfordern, könnten sie ein Störfaktor für die israelischen Pläne werden. Daher versucht man sie, soweit es geht, auszugrenzen. Abgesehen von einem größeren Bevölkerungstransfer, der auch erwogen wird, aber außer im Kriegsfall als undurchführbar erscheint, gibt es in Israel zwei Szenarien für die Lösung dieses »Problems«: Likud (eine der beiden politischen Hauptkräfte in Israel, ein Zusammenschluß rechter Parteien) will die Gebiete dem Staat völlig einverleiben, ihre arabische Bevölkerung aber ausgrenzen. Eine Form, in der das geschehen kann, ist die in den Verträgen von Camp David vorgesehene Autonomieregelung – so, wie Begin sie verstand. Diese Konzeption wurde von niemandem akzeptiert; dennoch hat Israel immer wieder Ansätze gemacht, sie einseitig durchzuführen. Die Arbeiterparteien (die andere Hauptkraft, bestehend aus *der* Arbeiterpartei, einer sozialdemokratischen, und Mapam, einer linkssozialistischen Partei) wollen zwar ebenfalls einen großen Teil der Gebiete (Jerusalem, den Jordangraben, den südlichen Gazastreifen...) auf Dauer kontrollieren, aber dem Staat keine dichtbesiedelten arabischen Gebiete einverleiben. Daher tendieren sie eher zu einem territorialen Kompromiß, der solche Gebiete wieder in der einen oder anderen Weise unter jordanische Verwaltung bringt. Als Begründung muß der »jüdische Charakter des Staates« herhalten, der bei einer formellen Annexion der Gebiete in Gefahr sei – denn aus Gründen der Demokratie müsse man dann ja auch den Arabern Bürgerrechte geben, und sie könnten die Juden irgendwann majorisieren.

Nachdem also ein Rückzug auf die Grenzen von 1967 von fast allen politischen Kräften in Israel abgelehnt wird und die Hauptkräfte sich nicht einmal auf die großen Linien einer zukünftigen Regelung einigen können, scheint die Beibehaltung des Status quo vom israelischen Standpunkt aus (so, wie ihn diese Kräfte wahrnehmen) das Wünschenswerteste zu sein. Und das ist es denn auch, was seit 1967 praktiziert wird. Nun ist aber der Status quo in diesem Fall nichts Statisches, sondern schließt eine ganze Reihe von weitergehenden Prozessen und israelischen Aktivitäten ein, die zur praktischen Integration der Gebiete führen.

Diese Prozesse und Aktivitäten sind von zweierlei Art: Einmal handelt es sich um wirtschaftliche Entwicklungen, die sich quasi spontan aus der neuen Situation nach Beseitigung der Grenze zwischen Israel und den besetzten Gebieten ergeben haben, zum anderen ist es eine ganze Reihe von bewußt und planmäßig durchgeführten Maßnahmen, israelische Präsenz und Kontrolle in den Gebieten unverrückbar festzuschreiben. Welche ökonomischen Entwicklungen haben sich nun ergeben? Worin bestehen die israelischen Maßnahmen? Welche direkten Auswirkungen hatte alles das auf die Gesellschaft der besetzten Gebiete? Welches Instrumentarium steht Israel für die Durchführung seiner Politik zur Verfügung?

Wirtschaftliche Entwicklungen

Seit dem Anfang der Besatzung hat sich das Gesicht der Gebiete stark verändert. Vieles von dieser Veränderung ist direkte Folge der Besatzungssituation und der israelischen Besatzungspolitik.

Diese Veränderungen werden oft besonders hervorgehoben, weil sie sehr sichtbar sind, viel böses Blut schaffen und zu einem großen Teil den Groll der Palästinenser erklären: Landbeschlagnahme, Wegnahme der Wasserreserven, Anlegen einer »israelischen« Infrastruktur, massiver Bau von jüdischen Siedlungen – kurz eine Politik, die auf die Änderung des Charakters der Gebiete abzielt. Aus arabischem soll jüdisches Land werden.

Das ist aber nicht alles. Manche der Entwicklungen seit 1967, etwa die Einführung modernerer Produktionsmethoden und die Änderung des Konsumverhaltens, hätten sicher auch ohne die Besatzung stattgefunden. Andere sind Folgen der ökonomischen Integration der Gebiete, nicht Teil einer ausgeklügelten Besatzungspolitik. Jedoch haben auch sie die palästinensische Gesellschaft unter der Besatzung, ihre Struktur und damit ihr politisches Verhalten und ihr Widerstandspotential beeinflußt. Sehen wir uns also diese Entwicklungen an!

1948 waren Westbank und Gazastreifen abrupt vom übrigen Palästina abgeschnitten und auf neue wirtschaftliche Zentren orientiert worden. 1967 wurden sie nun wieder an das Land angekoppelt – aber hier war inzwischen die moderne und leistungsfähige israelische Wirtschaft entstanden (Pro-Kopf-Einkommen etwa zehnmal so hoch wie in der Westbank). Man konnte also eine Art von Kolonie-Mutterland-Verhältnis erwarten, und etwas Ähnliches entstand auch. Allerdings liegen die Gebiete sehr nah an den Zentren der israelischen Wirtschaft, und das führte zu gewissen Besonderheiten.

Wenn man nachmittags eine der Straßen befährt, die von den israelischen Ballungszentren nach Gaza oder ins westjordanische Bergland führen, sieht man viele Fahrzeuge, die palästinensische Arbeiter nach Hause bringen: Busse, Lastwagen, achtsitzige Mercedes-Taxis, Peugeot-Pickups usw. In der Frühe wälzt sich die Kolonne in umgekehrter Richtung. Wie das in Israel üblich ist, haben diese Arbeiter samstags frei. Dann kaufen sie mit ihren Familien ein. Daher ist der Samstag in den regionalen Zentren der besetzten Gebiete der belebteste Geschäftstag, obwohl er weder für Muslime noch für Christen eine besondere Bedeutung hat. Was da eingekauft wird, kommt fast ausschließlich aus Israel. Das sind schon die beiden wichtigsten wirtschaftlichen Veränderungen, die es seit 1967 gegeben hat: Palästinenser arbeiten in Israel; israelische Waren überschwemmen Westbank und Gazastreifen.

In dem wirtschaftlichen Boom nach 1967 benötigte Israel zusätzliche Arbeitskräfte. In den besetzten Gebieten standen sie zur Verfügung – entweder als Arbeitslose oder in schlechtbezahlten Jobs. Schon 1968 wurden die ersten Palästinenser aus den Gebieten in Israel beschäftigt. Seitdem ist ihre Zahl ständig gestiegen. 1970 waren es 20 000, 1976 – 65 000, 1981 – 76 000. Für 1987 wird ihre Zahl mit 109 000 angegeben. Das sind zwei Fünftel aller Erwerbstätigen und weit mehr als die Hälfte der abhängig Beschäftigten der besetzten Gebiete. Dabei handelt es sich nur um die offiziell, d. h. über die Arbeitsämter der Militärverwaltung vermittelten Arbeiter. Die tatsächliche Zahl ist viel höher, aber kaum genau zu ermitteln. Die meisten dieser Arbeiter verrichten körperliche Arbeit, knapp die Hälfte von ihnen auf dem Bau, der Rest verteilt sich auf andere Berufszweige.

Die palästinensischen Arbeiter dürfen in Israel zwar arbeiten, aber nicht übernachten. Die meisten fahren täglich von ihrem Wohnort zum Arbeitsplatz und zurück. Manche übernachten auch trotz des Verbots an ihren Arbeitsstellen. Viele Arbeitgeber schließen die arabischen Arbeiter nachts in der Fabrik ein, damit sie nicht entdeckt werden. Es ist schon vorgekommen, daß solche Arbeiter verbrannt sind, weil Feuer ausbrach und sie sich nicht aus den verschlossenen Räumen befreien konnten.

Palästinenser sind normalerweise so kurzfristig in Israel beschäftigt, daß sie keinen Anspruch auf einen festen Arbeitsplatz erwerben. Sie können auch nicht der Histadrut (Gewerkschaft) beitreten, obwohl ihnen die Histadrutbeiträge automatisch vom Lohn abgezogen werden. Damit ist in aller Regel ihr Arbeitsplatz weder gesetzlich noch gewerkschaftlich gesichert, und man kann sie im Gegensatz zu den jüdischen Arbeitern nach Bedarf einstellen und ohne Komplikationen wieder hinauswerfen. Obwohl offiziell das Prinzip »Gleicher Lohn für gleiche Arbeit« gilt, verdienen die Arbeiter aus den besetzten Gebieten praktisch viel weniger als ihre jüdischen Kollegen (die arabischen Arbeiter aus Israel rangieren in bezug auf Rechte und Verdienst zwischen diesen beiden Gruppen). Wenn sie legal beschäftigt sind, werden ihnen Steuern, Sozialversicherung und Rentenbeiträge automatisch vom Lohn abgezogen. Sie haben aber nur Anspruch auf wenige der entsprechenden Leistungen, denn die meisten sind an einen Wohnort in Israel geknüpft.

Neben den offiziell Beschäftigten gibt es viele, die illegal in Israel arbeiten – u. a., um die hohen Abgaben zu umgehen. An einigen Nahtstellen zwischen Israel und den besetzten Gebieten gibt es regelrechte Sklavenmärkte, auf denen sich jeden Morgen Palästinenser, viele von ihnen Kinder, israelischen Arbeitgebern für Tagelohn anbieten.

Ich habe einen dieser Sklavenmärkte besucht, an der Ashkelon-Kreuzung, und zwar in der Verkleidung eines israelischen Bauern, um nicht aufzufallen. Dort hat sich folgendes abgespielt, schlimmer als was die Zeitungen beschreiben, denn wenn sich dort Journalisten aufhalten, gibt es scheinbar doch Zurückhaltung.

Die Unternehmer, die »Arbeit geben«, inspizieren nicht nur einen Menschen, sondern Hunderte (auch Kinder sind darunter). Sie fordern die Arbeitsuchenden auf, sich fast ganz auszuziehen, nicht ganz, denn die Israelis sind immer noch eine puritanische Nation, und prüfen dann persönlich die Muskeln und Statur dieser Menschen, um herauszufinden, ob sie für die Arbeit geeignet sind oder nicht. Gefallen sie, werden sie genommen, andernfalls zurückgewiesen. Leider war ich nicht mutig genug, den Anblick länger zu ertragen, und lief davon. (Israel Shahak, *Bericht*, S. 59)

Für die israelische Wirtschaft bedeuten die palästinensischen Arbeiter ein Reservoir an billigen, nicht organisierten, fast rechtlosen Arbeitskräften, die sehr flexibel hin- und hergeschoben werden können. Vor allem in der Privatwirtschaft und in der materiellen Produktion spielen arabische Arbeiter (einschließlich der israelischen Araber) bereits eine erhebliche Rolle.

Zum größten Teil sind die arabischen Arbeiter aus den besetzten Gebieten weiterhin am unteren Ende der Berufsskala beschäftigt. Meist verrichten sie niedrige, temporäre oder saisonale Arbeiten, vor denen die israelischen Erwerbstätigen offenbar immer mehr zurückschrecken. In gewissem Maße scheinen die Arbeitskräfte aus den besetzten Gebieten als Ersatz für israelische Arbeiter benutzt zu werden, was wahrscheinlich die Aufstiegschancen der letzteren indirekt vergrößert. (*ILO-Bericht*, in: Metzger/Orth/Sterzing, S. 93)

Für die besetzten Gebiete hatte diese Erscheinung folgende Konsequenzen: Die sonst zu erwartende Arbeitslosigkeit wurde verhindert. Vor allem in den ersten Jahren der Besatzung ermöglichte die Arbeit in Israel vielen einen steigenden materiellen Lebensstandard. Damit stiegen allerdings auch die Preise, die ursprünglich in den besetzten Gebieten deutlich niedriger waren als in Israel, mit den mißlichen Folgen für alle, die keinen Zugang zum israelischen Arbeitsmarkt hatten. Heute lebt ein erheblicher Teil der Bevölkerung beider Gebiete von der Arbeit in Israel, oder besser gesagt: teilweise von der Arbeit in Israel, denn es sind in der Regel nur die Männer jüngeren oder mittleren Alters, die zur Arbeit nach Israel fahren. Soweit ihre Familien noch kleinbäuerliche Betriebe haben – und das ist in der Westbank die Mehrzahl – werden sie von den im Dorf gebliebenen Familienmitgliedern, vor allem den Frauen, weiter bewirtschaftet. In der Hauptarbeitszeit können auch die Männer ggf. zu Hause bleiben, um das Land zu bearbeiten. Wenn man von Proletarisierung der ärmeren und mittleren Bauern spricht, muß man auch diese Erscheinung im Auge behalten. Das Gewicht der Frauen in der palästinensischen Gesellschaft wird dadurch vergrößert. Auch nehmen Frauen verstärkt Erwerbsarbeit außerhalb des Hauses auf, allerdings in viel geringerem Maß als Männer und vorzugsweise im oder nahe beim Wohnort.

Noch schneller, als Palästinenser Arbeit in Israel fanden, wurden Westbank und Gazastreifen mit israelischen Waren überschwemmt. Heute kommen viele landwirtschaftliche Produkte und fast alle Industriegüter, die hier verbraucht werden, aus Israel oder werden über Israel importiert. 1987 kamen 92% des Imports beider Gebiete (mit einem Wert von mehr als einer Milliarde Dollar!) aus Israel, 7% aus Drittländern, weniger als 1% aus Jordanien. Damit sind die besetzten Gebiete der zweitgrößte Exportmarkt für Israel (nach den USA) und nehmen ein Zehntel seines Exports auf. Der Export der Gebiete, wertmäßig nur etwas mehr als ein Drittel des Imports, ging zu 82% nach Israel, zu 17% nach Jordanien und zu weniger als 1% in Drittländer. Das Defizit in der Handelsbilanz wird durch die Löhne der in Israel Arbeitenden sowie durch Geldtransfer aus dem Ausland ausgeglichen.

Nach Israel werden hauptsächlich Industrieprodukte geliefert, wohl überwiegend Bausteine und Textilien aus Auftragsproduktion, also Produkte, bei denen sich der Wertzuwachs durch die Verarbeitung in Grenzen hält. Die Gebiete liefern also nach Israel billige Arbeitskraft (praktisch ohne alle Folgekosten) und Produkte arbeitsintensiver Gewerbezweige. Andererseits sind sie für Israel ein bequem zugänglicher, nach außen abgeschotteter und völlig kontrollierter Markt. Für Israel ist all das hochprofitabel, für die Wirtschaft der besetzten Gebiete bedeutet es totale Abhängigkeit. Wenn es auf den erwähnten Gebieten – Lohnarbeit in Israel und dadurch ermöglichtes erhöhtes Konsumniveau – Bewegung gegeben hat, so sind doch die produktiven Sektoren der Wirtschaft *in* den besetzten Gebieten stagniert oder zurückgegangen.

Die Landwirtschaft war traditionell der wichtigste Erwerbszweig in beiden Gebieten, obwohl sie im Gazastreifen wegen der geringen Fläche und der überwiegenden Flüchtlingsbevölkerung eine geringere Rolle spielt als in der Westbank. Wertmäßig wuchs die Agrarproduktion in den ersten Jahren der Besatzung beträchtlich. Seitdem stagniert sie oder wächst jedenfalls viel langsamer. Der anfängliche Zuwachs ist vor allem auf verbesserte Methoden in der Landwirtschaft zurückzuführen (verstärkter Einsatz von Traktoren und Düngemitteln, besseres Saatgut, verbesserte Bewässerungsmethoden). Das erhöhte die Produktivität und setzte viele Arbeitskräfte aus der Landwirtschaft frei – zumal in Israel mehr zu verdienen war. Das ist auch der Grund dafür, daß ein seit Jahren fast konstanter Teil des Ackerlandes brachliegt. Jeder aufmerksame Besucher der Westbank bemerkt den nicht umgepflügten Boden unter den Ölbäumen, vernachlässigte Mandelbaumkulturen, verfallende Terrassen usw. Es lohnt sich oft nicht mehr, das Land zu bestellen, da die Verdienstmöglichkeiten in Israel besser sind. Zwischen 1969 und 1985 ist der Anteil der Landwirtschaft am Bruttoinlandsprodukt in der Westbank von 41% auf 30% zurückgegangen, im Gazastreifen von 28% auf 18%. Für die Beschäftigtenzahlen in der Landwirtschaft ist der Rückgang noch deutlicher.

Zur anfänglichen Produktivitätssteigerung hatte Israel durch landwirtschaftliche Beratung und sonstige Hilfen aktiv beigetragen. Später ging diese Unterstützung merklich zurück. Israel hatte auch versucht, die palästinensischen Bauern zum Anbau solcher Produkte zu drängen, die mit israelischen nicht konkurrieren. Das gelang nicht. Es herrscht also vielfach eine Konkurrenzsituation. In solchen Fällen wird die Vermarktung palästinensischer Produkte in Israel verboten, um die eigene Landwirtschaft zu schützen. Der Anbau bestimmter Kulturen ist sogar schon per Militärbefehl verboten oder eingeschränkt worden. Für israelische Produkte gibt es umgekehrt solche Beschränkungen nicht.

Die Schwierigkeiten beim Absatz der Produkte sind ein wichtiges Hindernis, die Landwirtschaft weiter zu entwickeln. Weitere Hindernisse sind die Beschränkung der Bodennutzung und des Wasserverbrauchs für Araber, die eine Ausweitung der Ackerfläche und eine Intensivierung des Anbaus fast unmöglich machen. An eine Landreform, die in einigen Regionen dringend erforderlich wäre, ist unter den herrschenden Bedingungen schon gar nicht zu denken. In der Bilanz kann man sagen, daß die arabische Landwirtschaft der Gebiete zwar auf einem gewissen Niveau weiter produziert und dieses Niveau sogar anfangs erhöhen konnte, daß aber von ihrer wirklichen *Entwicklung*, wie sie etwa in einem unabhängigen Staat möglich wäre und in Israel, aber auch in einigen Nachbarstaaten tatsächlich stattgefunden hat, nicht die Rede sein kann.

Auch die Industrie entwickelt sich nicht. Es ist überhaupt etwas irreführend, hier von Industrie zu sprechen, da es sich meist um kleine Gewerbebetriebe mit nur wenigen Arbeitern handelt. Nur drei Betriebe in der Westbank (und keiner im Gazastreifen) beschräftigen mehr als 100 Arbeiter. Dieser gewerbliche Sektor war zum Zeitpunkt der Besetzung sehr bescheiden, beschäftigte etwa 14% der arbeitenden Bevölkerung und trug ca. 6% zum Bruttoinlandsprodukt bei. Diese Anteile sind seither nur ganz leicht angestiegen. Warum diese Stagnation?

Der Konsum in den besetzten Gebieten, auch der von Industriegütern, ist kräftig gewachsen. Ein Absatzmarkt wäre also vorhanden. Nur hat das einheimische Gewerbe hier mit der Konkurrenz der israelischen Industrie zu kämpfen, die viel entwickelter ist, hohe Subventionen und günstige Kredite erhält und auch in jeder anderen Hinsicht vom Staat geschützt wird. Die palästinensische Industrie genießt diese Vorteile nicht. In Israel kann sie nur wenig absetzen, Export nach Jordanien ist wegen der arabischen Boykottbestimmungen extrem schwierig, für den Export in Drittländer fehlen in aller Regel die Voraussetzungen.

Wegen dieser besonders ungünstigen Situation und der Unsicherheit über die Zukunft der Gebiete ist die Bereitschaft, produktiv zu investieren, noch geringer als ohnehin in der Dritten

Welt üblich. Die (durchaus vorhandenen) Geldmittel werden im Handel, in Privathäusern und in Transportmitteln angelegt, oft auch außerhalb des Landes. In den letzten Jahren kommt noch eine oft willkürlich festgelegte Steuer hinzu. Unter diesen Umständen findet Entwicklung nicht statt; das palästinensische Gewerbe produziert nur in bestimmten »Nischen« – Auftragsproduktion für israelische Textilfirmen und Produktion für den lokalen Markt und Geschmack.

Was unter diesen Bedingungen einigermaßen floriert, ist der Bausektor. Wer Geld gemacht hat, sei es in Israel, in den Golfstaaten oder auf irgendeine andere Weise, zeigt dies in erster Linie, indem er für seine Familie ein möglichst vorzeigbares Haus baut. So sieht man vor allem in der Umgebung der Städte protzige Villen, aber auch in den Dörfern gibt es eine ähnliche Erscheinung, wenn auch in bescheidenerem Maßstab: Die schönen alten Häuser in den Dorfkernen werden als Viehställe benutzt oder stehen leer und verfallen, während ihre Bewohner sich außerhalb des Dorfs neue Häuser bauen lassen. Diese Zersiedelung ist in mancher Hinsicht bedauerlich, hat aber einen positiven Aspekt: Je stärker ein Gebiet mit Gebäuden übersät ist, um so schwerer wird es für Israel, es mit Beschlag zu belegen.

Auch bestimmte andere Sektoren (Handel, Transportwesen) profitieren von dem gestiegenen Geldeinkommen und der Orientierung auf individuellen Konsum. Dienstleistungen machen überhaupt einen guten Teil der ökonomischen Aktivitäten der beiden Gebiete aus. Der Tourismus, vor 1967 ein höchst wichtiger Erwerbszweig in Jerusalem und in der übrigen Westbank, ist nach der Besetzung stark zurückgegangen. Arabische Touristen kamen nicht mehr, der »christliche« Tourismus wird jetzt meist durch die israelischen Kanäle geschleust, wo sich dann auch die pekuniären Sinkstoffe absetzen.

Die ökonomische Entwicklung der besetzten Gebiete seit 1967 ist von einem eigenartigen Widerspruch beherrscht. Auf der einen Seite stagniert die einheimische Produktion oder geht sogar zurück, wird aber in jedem Falle abhängig – wegen der ungünstigen ökonomischen Randbedingungen und des Fehlens einer nationalen Regierung, die dem entgegensteuern könnte. Auf der anderen Seite hat sich das Geldeinkommen kräftig erhöht – wegen der Arbeitsmigration (vielfach nach Israel, in erheblichem Maß aber auch nach Jordanien und in die Golfstaaten) und wegen der Unterstützungszahlungen der arabischen Länder. Dieses vermehrte Einkommen wird fast ausschließlich zur Erhöhung des Konsumniveaus (Häuser, elektrische Geräte, Autos) und für öffentliche Ausgaben etwa der Stadtverwaltungen verwendet, was im Grunde nur den Haushalt der Militärverwaltung entlastet. Also ein merkwürdiger Kontrast von (relativem) individuellem Wohlstand und öffentlicher Armut, der zwar unmittelbare Unzufriedenheit überdecken mag, aber keine guten Zukunftsperspektiven verheißt.

Die wirtschaftliche Integration hat den Bewohnern der Gebiete individuelle Vorteile gebracht: Der Abstand zwischen ihrem verfügbaren Einkommen und dem der Israelis hat sich um fast 50% verringert... Der Nährwert ihrer Lebensmittel ist der höchste in der arabischen Welt... Die Motorisierung hat sich in zehn Jahren verdreifacht, und der Analphabetismus sank von 48% im Jahr 1970 auf 29% im Jahr 1980... Der wirtschaftlichen Lebensfähigkeit der Palästinenser als Gemeinschaft hat die Integration in die israelische Wirtschaft allerdings den Todesstoß versetzt. (Meron Benvenisti, in: Metzger, *Annexion*, S. 25 f.)

Aus dem Gegensatz zwischen der Stagnation der einheimischen Wirtschaft und der dynamischen Entwicklung der anderwärts erzielten Einkommen lassen sich auch manche Veränderungen der Sozialstruktur in den letzten zwanzig Jahren erklären.

Auswirkungen auf die Sozialstruktur

Noch in jordanischer Zeit waren die Führungspositionen in der Gesellschaft der Westbank eindeutig von den »Notabeln« besetzt, Angehörigen der alten palästinensischen Elite, deren Macht und Reichtum auf großem Grundbesitz beruhte. Auch in den ersten Jahren nach 1967 hatten sie noch große Autorität. Von jeher hatten sie gute Beziehungen zu den jordanischen Herrschern gehabt und versuchten auch mit der israelischen Besatzungsmacht auszukommen. Diese Führungsschicht saß in den Städten, aber auf dem Land gab es ein ähnliches Bild: Auch in den Dörfern war die Macht in den Händen einiger Familien mit größerem Landbesitz. Auch hier war der Landbesitz die Basis von Wohlstand und Autorität.

Gegenüber dieser grundbesitzenden Elite hatten die anderen

Teile der Oberschicht (z. B. die Industriebourgeoisie) ein geringes Gewicht. Alle Mitglieder der Gesellschaft (die verschiedenen Schichten der Agrargesellschaft, Handwerker, Arbeiter, Dienstleistungsberufe usw.) nahmen ihren Platz in dieser Struktur ein, der durch die Hegemonie der Grundbesitzer der Stempel aufgedrückt war.

Nun fand in den meisten einheimischen Wirtschaftssektoren nach 1967 keine bedeutende Entwicklung statt. Der wesentliche Umschwung war die Arbeitsaufnahme in Israel. Die Arbeiter kamen aus den Dörfern, und natürlich gingen diejenigen am massivsten zur Arbeit nach Israel, die von der Landwirtschaft nur schlecht leben konnten. Das brachte ihnen Einkommen, die für israelische Verhältnisse miserabel, bei den damaligen Preisen in der Westbank aber nennenswert waren. Darum wurde es hier auch schwieriger, Landarbeiter zu niedrigen Löhnen einzustellen. Neben der Landwirtschaft und der Arbeit in Israel taten sich hier andere Einkommensquellen auf: regelrechte Arbeitsmigration etwa in die Golfstaaten, Investieren in Immobilien, Ölpressen, Transportmitteln usw. Alles das hat dazu geführt, daß auch in den Dörfern – wo immer noch die Mehrheit der Bevölkerung lebt – Landbesitz nicht mehr die wichtigste Quelle von Einkommen und Macht ist.

Land ist nicht mehr ein Kriterium für Reichtum ... In den Gebieten ohne künstliche Bewässerung scheint heute tatsächlich keine Beziehung mehr zu bestehen zwischen dem Wohlstand eines Bauern und der Ackerfläche, die er besitzt. (Salim Tamari, *Building*, S. 57)

Das bedeutet keineswegs, daß Landbesitz und Landwirtschaft ihre Bedeutung völlig verlieren. Was sie verlieren, ist nur ihr exklusiver Stellenwert. In den Städten findet ein ähnlicher Prozeß statt, und zwar schon seit längerer Zeit und weniger abrupt und spektakulär als auf dem Dorf. Jedenfalls: Die soziale Grundlage für die Macht der traditionellen Elite schwindet. Das muß nicht unbedingt heißen, daß ihre Autorität ganz abbröckelt. Ihr kompromißlerisches Verhalten gegenüber den Militärbehörden und ihre völlige Unterwürfigkeit gegenüber dem jordanischen Regime haben aber ihrem Ansehen so sehr geschadet, daß sie heute zumindest nach außen hin keine große Rolle mehr spielen kann. Ihre Fähigkeit, hinter den Kulissen zu agieren, ist allerdings nicht völlig zerstört, denn Israel und Jordanien setzen immer noch von Fall zu Fall auf sie.

Ihr Platz wurde von einer neuen Führung eingenommen, die eher den Mittelschichten der Städte entstammt und deren Interessen vertritt. Bereits unter der jordanischen Herrschaft hatte sich in den Städten eine relativ gebildete Schicht von Professionellen herausgebildet (Lehrer, Ärzte, Anwälte. Techniker usw.). Diese Schicht in ihrer ganzen Breite war damals (in den 50er und 60er Jahren) ein neues Phänomen. Gabi Baramki, promovierter Chemiker und heute amtierender Präsident der Birseit-Universität, war der erste nichtmedizinische »Doktor« in Ramallah. Daß auch Nichtmediziner Doktoren sein können, konnte sich damals kaum jemand vorstellen. Da er als »Dr.« im Telefonbuch stand, wurde er immer wieder von Leuten angerufen, die einen Arzt brauchten. Diese Schicht hat unter den gegebenen Umständen nicht die Erwerbs- und Entfaltungsmöglichkeiten, die sie etwa in einem selbständigen Staat hätte. Sie ist daher sehr kritisch gegenüber der Besatzungsmacht, was ihr in dem vorherrschenden nationalistischen Klima politischen Kredit verschafft.

Von den Arbeitern haben diejenigen, die in der Westbank selbst arbeiten, wegen der geringen Entfaltungsmöglichkeiten des dortigen Gewerbes wenig Gewicht. Die Gewerkschaften sind durchweg nationalistisch orientiert. Die Arbeiter, die in Israel arbeiten, sind meist auch noch gleichzeitig Bauern. Ihr Bewußtsein wird nicht vorwiegend von ihrer Lage als Arbeiter bestimmt. Für sie überlagern sich überdies soziale Ausbeutung und nationale Unterdrückung.

Im Gazastreifen gab es andere Ausgangsbedingungen als in der Westbank. Diese war Teil von Jordanien und wird auch heute noch in mancher Hinsicht als solcher behandelt. Ihre arabischen Bewohner sind jordanische Staatsbürger – oder waren es mindestens bis Ende Juli 1988 – und können leichter in die arabische Welt reisen als die Einwohner von Gaza, die staatenlos sind. In der Westbank wohnen die meisten Leute in Dörfern, und viele haben noch Zugang zum Ackerboden. Soweit sie in Israel arbeiten, gibt es für sie im Notfall immer noch eine Rückfallposition: zu Hause ihren Boden zu bestellen. Flüchtlinge machen nur einen kleinen Teil der Bevölkerung aus, die meisten von ihnen wohnen nicht mehr in Lagern.

Ganz anders im Gazastreifen. Er ist noch stärker von Israel

abhängig als die Westbank. Wenn es insgesamt in den besetzten Gebieten einen Trend hin zur »Schlafsaal-Ökonomie« gibt, dann ist er im Gazastreifen am deutlichsten. Nicht ohne Grund wird er deshalb auch häufig als das Soweto Israels bezeichnet. Mehr als zwei Drittel der dichtgedrängten Bevölkerung sind Flüchtlinge. Die meisten wohnen immer noch in Flüchtlingslagern. Die übrigen Einwohner leben in Städten. Dörfer gibt es nur sehr wenige. Die in Israel Arbeitenden (fast die Hälfte der erwerbstätigen Bevölkerung, in der Westbank ist es nur ein Drittel) kommen meist aus Flüchtlingslagern und haben zu Hause keinerlei ökonomische Basis als Alternative zur Beschäftigung in Israel. Die Arbeitsaufnahme dort war im Gazastreifen nicht wie in der Westbank die teilweise Proletarisierung einer Bauernbevölkerung, sondern die Eingliederung vorher arbeitsloser Flüchtlinge in den Arbeitsprozeß.

Die Löhne der in Israel Arbeitenden machen einen unverhältnismäßig großen Anteil am Einkommen des Gazastreifens aus (41% des Bruttosozialprodukts gegenüber 18% in der Westbank, Zahlen von 1986). Allerdings beeinflussen sie das Klassengefüge der einheimischen Agrargesellschaft nicht so sehr – die Arbeiter kommen eben nicht aus den Dörfern, sondern aus den Flüchtlingslagern.

Das wichtigste landwirtschaftliche Produkt des Gazastreifens sind Zitrusfrüchte. Sie werden auf bewässertem Land angebaut. Das erfordert ziemlich hohe Investitionen und ist sehr gewinnträchtig, beschäftigt aber nicht sehr viele Leute. Die traditionelle Elite des Gazastreifens besteht aus den Besitzern der größeren Zitrusplantagen. Deren Rendite ist mehr oder weniger stabil geblieben. Darum sind die Macht und der Reichtum dieser Führungsschicht von den sozialen Entwicklungen seit 1967 weniger ausgehöhlt worden als die ihrer »Kollegen« in der Westbank. Im Gazastreifen besteht auch noch ein gewisser Gegensatz zwischen der ansässigen Bevölkerung und den Flüchtlingen, die nicht die gleichen politischen Interessen haben. Während die ansässigen Bewohner zumindest hoffen können, ihre brennendsten Probleme würden durch das Ende der Besatzung gelöst, ist das für die Flüchtlinge weniger klar. All das hat, in Verbindung mit der totalen Abhängigkeit Gazas von Israel, dazu geführt, daß das Widerstandspotential hier zunächst kein stabiles Rückgrat fand und sich nicht kontinuierlich äußerte:

In der Westbank hat die Proletarisierung von Bauern und Kleinbürgern ein großes Protestpotential gegen die israelische Besatzung geschaffen und gleichzeitig die Machtbasis der traditionellen Führer geschwächt. ...

Dagegen blieb es im Gaza-Streifen, bis auf die Aktionen der Fedayin in den ersten Jahren der Besatzung, vergleichsweise ruhig. Obwohl sich das Gebiet auch unter israelischer Besatzung befindet, kam ein breites Bündnis von Gruppen, die sich dagegen zur Wehr setzten, niemals zustande. (Metzger/Orth/Sterzing, S. 130 f.)

Das ist ja inzwischen anders geworden, wie man weiß. Die Erklärung dafür muß, jenseits der Sozialstruktur, in der politischen Entwicklung gesucht werden. Dazu später mehr.

Regierung, Verwaltung, Recht

Israel ist in einer günstigen Position, die Durchsetzung seines Hauptziels – endgültige Kontrolle über die Gebiete – voranzutreiben: Es hat die eindeutige militärische Übermacht in der ganzen Region, es hält die Gebiete besetzt, und es hat alle Möglichkeiten, ihre Entwicklung nach seinen Wünschen zu beeinflussen.

Mit der Besetzung von 1967 übernahm die israelische Armee alle staatliche Macht in den betreffenden Gebieten. Der Militärbefehlshaber des jeweiligen Gebietes ist *die* staatliche Autorität. Er hat gleichzeitig die gesetzgebende, die ausführende und die rechtsprechende Gewalt, nimmt direkt oder indirekt alle Ernennungen und Entlassungen vor und delegiert Macht. Alle früher jordanischen (bzw. ägyptischen Militär-) Behörden und Ämter wurden nun auch vom Militär übernommen. Natürlich untersteht diese Militärverwaltung der Armeeführung und letzten Endes der israelischen Regierung. Die Regierung als Ganzes nimmt aber wenig Anteil an der Politik in den besetzten Gebieten. Es herrscht diesbezüglich ein ziemlich breiter und im Lauf der Zeit wenig veränderter Konsens, und in diesem Rahmen trägt der jeweilige Verteidigungsminister die unmittelbare Verantwortung und formuliert die Politik. Im Verteidigungsministerium gibt es ein besonderes Büro für die »Koordination der Aktivitäten in den Gebieten«.

Nach allgemeiner internationaler Auffassung ist der rechtliche Status der Gebiete der von israelisch besetztem feindlichem Territorium. Demzufolge sollten die entsprechenden völkerrechtlichen Bestimmungen, insbesondere die Vierte Genfer Konvention, die den Schutz der Zivilbevölkerung in Kriegszeiten regelt, hier angewandt werden. Israel widerspricht dieser Auffassung mit dem Argument, Jordanien habe die Westbank völkerrechtswidrig annektiert, Ägypten nie die Souveränität über Gaza beansprucht. Daher handle es sich nicht um besetztes feindliches Staatsgebiet, sondern um rechtliches Niemandsland. Im israelischen Sprachgebrauch werden die Gebiete denn auch nicht als besetzt, sondern als »verwaltet« bezeichnet. Dennoch nimmt Israel für sich in Anspruch, die humanitären Bestimmungen der Vierten Genfer Konvention in den Gebieten zu beachten.

Offiziell ist in den Gebieten immer noch das bis 1967 gültige Recht in Kraft, d. h. in der Westbank jordanisches Recht und im Gazastreifen das durch die ägyptische Verwaltung leicht veränderte Recht aus der Zeit des britischen Palästinamandats. Dies entspricht den Forderungen des Völkerrechts, das rechtliche Modifikationen in besetztem Gebiet nur für die Sicherheit der Besatzungsarmee und im Interesse der Bevölkerung zuläßt. Die tatsächliche Rechtslage ist aber durch inzwischen mehr als 1200 (im Gazastreifen mehr als 900) Militärbefehle ganz grundlegend verändert worden. Diese Befehle ergehen – ohne irgendeine öffentliche Kontrollmöglichkeit – vom Militärbefehlshaber des jeweiligen Gebiets. Sie haben Gesetzeskraft. Die Armee kann in den besetzten Gebieten tun, was sie will oder was ihr im israelischen Interesse als geboten erscheint. Das ist in einer Besatzungssituation nicht ungewöhnlich. Eigenartig ist, daß die Armee sich hier die entsprechenden Gesetze selber machen kann, so daß auch noch der schreiendste Willkürakt in streng gesetzlicher Form abläuft, und daß sie sich offenbar auch dazu genötigt sieht. Hinzu kommt, daß die meisten dieser Militärbefehle sich auf ein jordanisches Gesetz als Grundlage berufen. So wird selbst bei einschneidenden Veränderungen der tatsächlichen Rechtslage der Schein der Kontinuität gewahrt, und außerdem kann man etwa bei internationaler Kritik am repressiven Charakter der israelischen Politik darauf verweisen, man wende nur jordanische Gesetze an. Eine reine Schutzbehauptung, denn Israel ändert die Rechtslage ohne weiteres, wenn das in seinem Interesse erscheint. Die jordanischen Gesetze engen tatsächlich viele Freiheiten stark ein. Aber weit davon entfernt, sie zu mildern, hat Israel sie noch durch eine Fülle von Vorschriften drastisch verschärft.

Die willkürlichsten Maßnahmen – wie Häusersprengungen, Abschiebungen, Administrativhaft, Haus- oder Stadtarrest – werden weder aufgrund von jordanischem Recht noch aufgrund von Militärbefehlen verhängt, sondern unter Berufung auf die Defence (Emergency) Regulations von 1945, ein Sondergesetz der britischen Mandatsbehörden, das seinerzeit zur Unterdrückung jüdischer Terrorgruppen erlassen wurde. Zur Anordnung solcher Maßnahmen müssen keine gerichtlich nachprüfbaren Sachverhalte vorliegen; es genügt ein Verdacht. Selbst die Indizien, mit denen ein solcher Verdacht begründet wird, unterliegen normalerweise der Geheimhaltung, so daß es äußerst schwer ist, diese Maßnahmen anzufechten.

Alle »Sicherheits«delikte, aber auch viele andere Verstöße gegen das Strafrecht werden von Militärgerichten verhandelt, in denen Richter, Ankläger, Untersuchungsbeamte, Dolmetscher und manchmal auch Anwälte Militärpersonal sind. Es liegt auf der Hand, daß das Vertrauen der betroffenen Bevölkerung in diese Art von Justiz gering ist. Allerdings arbeitet dieser Teil des Gerichtswesens prompt und effizient, denn sein Funktionieren liegt im israelischen Interesse. Die zivilen Gerichte, die der palästinensischen Bevölkerung dienen, leiden sehr unter mangelnder Ausstattung, niedrigem Standard des Personals, Korruption usw.

Dies ist also die rechtliche Situation in den besetzten Gebieten: jordanisches (bzw. britisches Mandats-) Recht, überlagert durch viele im israelischen Interesse erlassene Militärbefehle, die Möglichkeit, auf die Defence (Emergency) Regulations zurückzugreifen, und schließlich eine Grauzone, die durch den Streit um die Anwendbarkeit der Vierten Genfer Konvention entsteht. Das Resultat ist ein praktisch unbeschränkter Handlungs- und Entscheidungsspielraum für die Militärbehörden. Für Palästinenser gibt es dabei, wo israelische Interessen berührt sind, praktisch keine Rechtssicherheit. Gleichzeitig entsteht bei vielen israelischen und ausländischen Beobachtern der Eindruck von völliger Gesetzlichkeit.

Israel sieht sich durch einige Faktoren – Rücksicht auf die Weltöffentlichkeit, fehlender Konsens im Innern – genötigt, die besetzten Gebiete nicht formell zu annektieren. Aber es hat doch von Anfang an Schritte unternommen, seine Präsenz hier zu unterbauen und zu dokumentieren. Die wichtigsten Maßnahmen in diesem Sinn sind: die Überführung des Bodens in israelische Kontrolle und Beschränkung seiner Nutzung durch Araber, die Kontrolle der Wassergewinnung und -nutzung durch Israel, die verkehrsmäßige Erschließung der Gebiete im israelischen Interesse und die planmäßige Errichtung von jüdischen Siedlungen. Alles das wird seit 1967 systematisch durchgeführt.

Es gab und gibt in Israel einen breiten Konsens, sich auf keinen Fall aus allen besetzten Gebieten zurückzuziehen. In der Frage, welche Gebiete man auf jeden Fall behalten sollte, gab es unterschiedliche Auffassungen. Ziemlich unbestritten war aber, daß Ostjerusalem, der Latrun-Zipfel, eine Sicherheitszone am Jordan, die Golanhöhen, der Gazastreifen und Scharm al-Scheikh unter israelischer Kontrolle bleiben sollten. Im sogenannten Allon-Plan wurde die Schaffung bleibender Tatsachen, d. h. vor allem jüdischer Siedlungen, in diesen Gebieten vorgesehen. Im zentralen Bergland der Westbank, das dicht von Arabern besiedelt ist, sollten keine jüdischen Siedlungen gebaut werden. Der Allon-Plan wurde nie zur offiziellen Regierungspolitik erklärt, aber die Arbeiterregierungen hielten sich bis 1977 bis auf wenige Ausnahmen an die in diesem Plan vorgesehenen Grenzen. Später, als der Likud-Block zur Macht kam, ging man nach dem sogenannten Scharon-Plan vor, der Siedlungen auch im Bergland vorsah und sogar systematisch arabische Wohngebiete durch jüdische Siedlungskeile voneinander trennen wollte. Auf diese Weise sollte vermieden werden, daß irgendein zusammenhängendes arabisches Siedlungsgebiet mehr als 100 000 Einwohner behalten sollte. Seitdem wurden bevorzugt Siedlungen im zentralen Bergland angelegt.

Seit 1967 hat Israel in den besetzten Gebieten bereits sehr viel Boden unter seine direkte Kontrolle gebracht. Die Bedeutung dieses Vorgangs geht über den unmittelbaren praktischen Nutzen und Wert des Bodens weit hinaus. Dieser praktische Wert war: Nutzung für militärische Zwecke, Bau von jüdischen Siedlungen mit oder ohne Landwirtschaft, Straßenbau usw. Aber der »höhere Sinn« dieses Runs auf den Boden ist, daß die direkte Kontrolle über Land nationale Souveränität begründet und zugleich weithin sichtbar symbolisiert. So ist z. B. oft Land, das mit militärischer Begründung für geschlossen erklärt wurde, mit Stacheldraht umzäunt worden, auch wenn es gar nicht benutzt wurde. In solchen scheinbaren Absurditäten tritt der eigentliche Sinn der Maßnahme vor Augen: Schließung des Landes für die Araber und damit Verhinderung jeder künftigen arabischen Souveränität.

Es gibt eine ganze Reihe von Methoden, Land in israelische Kontrolle zu überführen. Die Vielfalt, Kompliziertheit, Vagheit und teilweise Überlagerung der Methoden und ihrer rechtlichen Grundlagen schaffen eine verwirrende Situation – wohl nicht unbeabsichtigt und auf jeden Fall für Israel hochwillkommen. Die wichtigsten dieser Methoden sind: Beschlagnahme für militärische Zwecke, »Schließung« für militärische Übungen, Übernahme von jordanischem Staatsland, Übernahme des Eigentums von Abwesenden durch einen Treuhänder, Enteignung für öffentliche Zwecke, Erklärung von nicht registriertem Land zu Staatsland, Wiederinbesitznahme ehemals jüdischen Bodens und Kauf.

Die Hauptmethode der Landnahme war bis 1979 die Beschlagnahme und »Schließung« von Boden für militärische Zwecke, vor allem im Jordangraben. Das so genommene Land wurde aber keineswegs immer militärisch genutzt, sondern oft ungenutzt gelassen und oft auch jüdischen Siedlern zur Ansiedlung und zur agrarischen Nutzung überlassen. In den ersten zehn Jahren der Besatzung wurde aber auch dies noch meist mit militärischen Notwendigkeiten begründet, denn die Besiedlung besetzten Gebietes mit der Zivilbevölkerung des besetzenden Landes läuft der Vierten Genfer Konvention zuwider. Es gab auch in jener Phase nicht allzu viele Reibungen, denn die im Jordangraben betroffenen arabischen Grundbesitzer saßen meist schon in Ostjordanien, konnten sich also nicht an Ort und Stelle gegen die Beschlagnahme wehren.

Seit Mitte der 70er Jahre, und verstärkt nach der Regierungsübernahme durch den Likud 1977, wurden aber auch mitten in arabischen Siedlungsgebieten jüdische Siedlungen gebaut. Berühmt geworden ist der Fall von Elon Moreh, einer Siedlung der nationalreligiösen Siedlungsbewegung »Gusch Emunim«, die im Juni 1979 auf eigens zu diesem Zweck vom Militär requiriertem Land errichtet wurde. Hier war kultiviertes arabisches Privatland im Spiel, denn die Beschlagnahme ändert an den Eigentumsverhältnissen nichts. Die Eigentümer des Bodens appellierten an den Obersten Gerichtshof in Israel, mit dem Ziel, die Beschlagnahmeverfügung für nichtig erklären zu lassen, denn ein mit militärischer Begründung requiriertes Stück Land dürfe nicht für eine zivile Siedlung verwendet werden, die zudem auch noch permanenten Charakter haben solle. Das Gericht hatte nun zu prüfen, ob die militärischen Argumente, die zur Rechtfertigung der ganzen Aktion vorgebracht wurden, stichhaltig waren. Die Siedler selbst ließen durchblicken, daß sie aus ganz anderen als militärischen Gründen da waren, und auch bei den Experten, die für den militärischen Sinn der Siedlung sprachen, war die politisch-ideologische Motivation kaum zu verkennen. Der Gerichtshof beschloß, die Beschlagnahmeverfügung sei nichtig, die Siedlung müsse entfernt werden. Dieser ganz singuläre Fall, in dem es Palästinensern gelang, gegen das israelische Militär recht zu bekommen, wird seitdem stets als Beweis für die Gesetzlichkeit der israelischen Maßnahmen angeführt. Die Siedlung wurde natürlich doch gebaut – ein paar Kilometer weiter, wo kein arabischer Privatbesitz betroffen war.

Der Fall hatte aber noch wichtigere Konsequenzen. Das Gericht hatte schon angedeutet, sein Urteil wäre anders ausgefallen, wenn kein arabisches Privatland genommen worden wäre. Die Regierung hielt dementsprechend nach anderen Wegen der Landnahme Ausschau, und fand sie auch: Alles Land, auf das arabische Dörfer ihren Eigentumsanspruch nicht bei engster Auslegung der Bestimmungen zweifelsfrei nachweisen können, wurde von vornherein zu Staatsland erklärt. Das ist ein ganz erheblicher Teil des Bodens, denn die Registrierung des Landes in Privatbesitz war 1967 erst im Gang und wurde seitdem nicht weitergeführt. Eigentumstitel sind also meist nicht vorhanden, auch wenn das Land seit Generationen in Privatbesitz ist. Die »Erklärung zu Staatsland« ist jetzt die Hauptmethode der Landnahme.

Nimmt man die verschiedenen Methoden der Landnahme zusammen, kann man sagen, daß etwa 48% des Bodens in der

Westbank und etwa 30% im Gazastreifen von Israel mit Beschlag belegt sind. In einem weiteren Teil des Bodens ist die Nutzung durch Araber eingeschränkt. Das alles hat sich bisher nur relativ wenig in die von arabischen Bauern kultivierten Böden »hineingefressen« – obwohl die Behauptung israelischer Politiker, man nehme arabischen Bauern *überhaupt* kein Land weg, eine glatte Lüge ist. Allerdings macht diese Einkreisung jede Ausdehnung und Entwicklung der arabischen Landwirtschaft ebenso wie jede sinnvolle Planung im arabischen Sektor unmöglich.

Ein anderer wichtiger Zugriff Israels auf die besetzten Gebiete ist die Beschränkung des Wasserverbrauchs. Er wird für die Araber auf einem Niveau festgeschrieben, das nur leicht über dem von 1967 liegt. Man gestattet ihnen nur in wenigen Fällen, neue Brunnen zu bohren, und auch das nur für Haushaltszwecke. Existierende Brunnen sind mit Wasseruhren versehen; Überschreiten des vorgeschriebenen Verbrauchs wird streng bestraft.

Warum kümmert sich Israel so angelegentlich um den Wasserverbrauch der Araber? Ein großer Teil der grundwasserführenden Erdschichten der Westbank dient auch der israelischen Wasserversorgung, da sie sich in das Staatsgebiet hinein fortsetzen. Zusätzlicher Wasserverbrauch hier würde die israelischen Reserven schmälern. Es gibt also direkte Konkurrenz um die Wasserreserven, und darum beschränkt Israel den Verbrauch durch Palästinenser und besteht darauf, in jedem Fall die Souveränität über alle Wasserressourcen westlich des Jordan zu behalten. Das schränkt die Entwicklungsmöglichkeiten der arabischen Landwirtschaft zusätzlich ein.

Großen Wert legt Israel auf die verkehrsmäßige Erschließung der Westbank (im Gazastreifen fällt dieser Aspekt wegen der Kleinheit des Territoriums kaum ins Gewicht). Neben militärischen Gründen geht es um die möglichst bequeme Anbindung jüdischer Siedlungszentren an die Räume von Tel Aviv und Jerusalem und um ihre Verbindung untereinander und mit der Nord-Süd-Schnellstraße im Jordangraben. Dabei werden größere arabische Orte nach Möglichkeit umgangen. Diese für die Siedler bestimmten Straßen sind mit solchem Geldaufwand ausgebaut worden, daß sie schon den Ärger benachteiligter Gruppen in Israel hervorgerufen haben. Besser als die Straßen in rein arabischen Gebieten sind sie ohnehin.

Unmittelbar bevor du nach Nablus hineinkommst (von Jerusalem kommend), hat der Straßenverlauf sich geändert. Früher führte die Straße direkt ins Zentrum von Nablus. Wenn du jetzt aber ins Stadzentrum fahren willst, mußt du eine scharfe Kurve nehmen. Die Militärregierung hat eine neue Straße gebaut, die die Nablus umgebenden Siedlungen miteinander verbindet. Die Straße von Jerusalem geht direkt in diese neue Straße über, und die eigentliche Straße nach Nablus erscheint als Nebenstraße. Mit anderen Worten, die mehr als 120 000 Palästinenser, die in der Gegend von Nablus wohnen, sind auf eine Seitenstraße verwiesen, bloß damit ein paar tausend jüdische Siedler eine direkte Anbindung an das israelische Straßennetz haben. (Mona Rishmawi, *Planning*, S. 1)

Ironischerweise werden viele dieser ausgezeichneten Straßen hauptsächlich von Palästinensern benutzt, die zur Arbeit nach Israel fahren, denn manche der neugebauten jüdischen Siedlungen stehen noch leer.

Der sichtbarste Ausdruck der israelischen Entschlossenheit, in den besetzten Gebieten zu bleiben und ihren Charakter gründlich zu verändern, sind die jüdischen Siedlungen. Vor einigen Jahren konnte man noch durch manche Gebiete der Westbank fahren, ohne ständig auf solche Siedlungen zu stoßen. Heute ist das unmöglich geworden. Ihre Lage auf den Bergkuppen und große Hinweisschilder sichern den Siedlungen gebührende Aufmerksamkeit. Mitte 1987 gab es in der Westbank 118 Siedlungen mit etwa 65 000 Bewohnern, im Gazastreifen 18 mit 2 700 Leuten. Das schließt nicht den Ring von jüdischen Wohnvierteln um Ostjerusalem ein, die auf enteignetem arabischem Land, aber innerhalb der Grenzen der annektierten Stadt gebaut wurden.

Zu Beginn der Besatzung wurden die wenigen Siedlungen, die damals meist im Jordantal errichtet wurden, mit militärischen Erwägungen gerechtfertigt. »Eine sichere Grenze, die keine Staatsgrenze ist, ist keine sichere Grenze, . . . eine Staatsgrenze, die nicht auf ihrer ganzen Länge von Juden besiedelt ist, ist keine Staatsgrenze«, sagte Jigal Allon, der »Vater« des Siedlungsgedankens für die 1967 besetzten Gebiete. Das Konzept knüpfte an zionistische Siedlungsformen sowohl vor wie nach 1948 an, die die Grenzen sichern und jüdische Souveränität dem Boden durch landwirtschaftliche Bearbeitung gleichsam einritzen wollten. Die ersten Siedlungen im Jordantal wurden von Anhängern der Arbeiterparteien gegründet, die immer diese »Pionier«form der Siedlungsideologie vertreten hatten. Die Siedlungen hatten paramilitärischen Charakter und betrieben Landwirtschaft. Oft geschah das auf arabischem Boden, dessen Besitzer im Krieg die Westbank verlassen hatten und über den nach den Bestimmungen über den Besitz Abwesender ein Treuhänder verfügen kann. Man wacht peinlich darüber, daß die Besitzer nicht etwa zurückkommen und ihre Rechte geltend machen.

Hier im Jordangraben bearbeiten wir Tausende von Dunum, ... die – warum sagt man nicht die Wahrheit? – arabisches Land sind. Was für Araber? Vor allem Abwesende, Einwohner von Nablus und Tubas, die im Sechstagekrieg aufs Ostufer flohen. Diese Leute können nicht nach Judäa und Samaria zurückkehren, weil eine Liste mit ihren Namen an den Brükken liegt... Nun wird es Autonomie geben... Was passiert, wenn diese Abwesenden zurückkehren?... Sie werden in einer Prozession zu den Gerichten ziehen! (Ein Siedler, in: Harris, *Root*, S. 116)

Neben die militärische Begründung der jüdischen Siedlungen traten im Lauf der Zeit andere und gewannen immer mehr an Bedeutung. Einmal ist da die Auffassung, diese Siedlungstätigkeit sei ein Wert in sich, die Westbank (offizieller israelischer Sprachgebrauch: Judäa und Samaria) sei historischer jüdischer Boden und daher müßten Juden einfach hier siedeln. Und zum anderen wird die Besiedlung als gutes Mittel angesehen, in der globalen Auseinandersetzung zwischen Israel und den Palästinensern um das ganze Land die israelische Position zu verbessern. Auch in diesen letzten noch verbliebenen Teilen des arabischen Palästina soll so der Charakter des Landes graduell verändert und sollen Fakten geschaffen werden, die die Rückkehr dieser Gebiete unter arabische Herrschaft oder gar die Errichtung eines palästinensischen Staates definitiv unmöglich machen würden. Religiöse und nationale Argumente werden oft zusammen vorgebracht. Sie sind wohl heute für die meisten Israelis überzeugender als militärische. Hauptvertreter der religiös-nationalistischen Siedlungsideologie ist Gusch Emunim, der »Block der Getreuen«, eine 1974 gegründete Pressuregroup, die sich für Siedlungen im dicht von Arabern besiedelten Hügelland stark macht und dieses Programm auch mit großem Erfolg durchgesetzt hat.

Der Prozeß der Besiedlung verlief in drei Stadien, die jeweils unterschiedlichen Haupttypen von Siedlungen entsprachen. Die erste Phase war die der *paramilitärischen Siedlungen* der Arbeiterparteien, in einem dem Allon-Plan entsprechenden Gebiet. 1975 wurde ein anderer Siedlungstyp kreiert und mit der Regierungsübernahme durch den Likud 1977 forciert: die *Gusch-Emunim-Siedlungen,* die im zentralen Hügelland und damit inmitten der arabischen Bevölkerung liegen. Sie betreiben keine Landwirtschaft, ihre Bewohner vertreten die Theorie vom »ganzen Land Israel« und lehnen jeden territorialen Kompromiß mit den Arabern ab. Allerdings war das Potential der Leute, die bereit waren, aus ideologischen Gründen relativ weit von den großen israelischen Städten mitten unter Arabern zu siedeln, begrenzt. Es ist inzwischen erschöpft. Darum ging man 1982 zu einem dritten Siedlungstyp über: der *Vorstadtsiedlung.* Solche Siedlungen bestehen aus Häusern und Appartements, hochsubventioniert und daher billig, die in der westlichen Westbank (also in Reichweite von Tel Aviv) und in der Umgebung von Jerusalem angeboten werden. So ein Angebot ist auch für Leute attraktiv, die überhaupt nicht ideologisch motiviert sind. Es gibt sowieso einen Drang weg von den überfüllten Städten aufs Land, der hier nur mit Hilfe von Regierungssubventionen in die besetzten Gebiete umgelenkt wird.

Und die Rechnung scheint aufzugehen: Waren 1982 erst 21 000 Juden in der Westbank angesiedelt, so waren es 1987 schon 65 000. Der Zuwachs ist fast ausschließlich den neuen Vorstadtsiedlungen zuzuschreiben. Wenn die neuen Siedler erst einmal in den besetzten Gebieten leben, rechnet man mit ihnen als einem Faktor, der politisch, z. B. bei Wahlen, gegen jeden Rückzug aus den besetzten Gebieten ins Spiel gebracht werden kann, denn sie sind natürlich daran interessiert, daß ihre Wohnorte unter israelischer Kontrolle bleiben.

Die »kritische Masse« von 100 000 Juden in der Westbank geht nicht auf die Absicht zurück, physische Tatsachen zu schaffen, sondern geht von der Überlegung aus, daß eine solche Gruppe zu einer Lobby werden würde, die jeden Versuch irgendeiner Partei in Israel blockieren würde, sich aus diesen Gebieten zurückzuziehen. (Meron Benvenisti, in: Bunzl, *Das andere Israel,* S. 102)

Obwohl die jüdischen Siedler nicht im israelischen Staatsgebiet wohnen, werden sie praktisch so behandelt, als ob sie das täten.

Soweit es sie angeht, werden die besetzten Gebiete als zu Israel gehörig betrachtet – die Siedler haben ihre städtischen und regionalen Verwaltungskörperschaften wie die Bewohner Israels, sie unterliegen de facto auch israelischem Recht. Im Vergleich mit der arabischen Bevölkerung genießen sie ungeheure Vorrechte und eine enorme materielle Unterstützung. So drückt die weithin sichtbare Existenz der Siedlungen auf eine sehr konkrete Weise die Dominanz der einen ethnischen Gruppe – der jüdischen Israelis – über die andere – die Palästinenser – aus und fördert dadurch auch bei diesen das Bewußtsein von ihrer Lage und die nationalistischen Reaktionen darauf.

Aber das ist noch nicht alles. Die jüdischen Siedler, vor allem der harte Kern von Gusch Emunim, der zu allem Überfluß in dichtbesiedelten arabischen Gebieten lebt, sind von einer ungeheuren Feindschaft gegenüber den Arabern beseelt, die sie als Fremde ansehen, die unrechtmäßig in »ihrem« Land leben. Es kommt daher immer wieder zu Feindseligkeiten, Provokationen und Demütigungen von Arabern durch diese Siedler – die sich das leisten können, weil sie im Unterschied zu den Arabern bewaffnet sind.

Wir saßen zu Hause und sahen fern, als wir plötzlich das Geräusch von Schüssen im Haus hörten. Geschosse drangen durch die Wände, Fenster und Türen, und die Splitter flogen durch das ganze Zimmer, wo die Mitglieder meiner Familie (14 Personen) saßen. Aber die Kugeln trafen niemanden außer meiner fünfjährigen Tochter Alia, die ganz vertieft in das Fernsehprogramm dasaß. Ich sah, daß sie am Bein verletzt wurde, das Bewußtsein verlor und auf den Boden fiel. Ich lief von einem Zimmer zum anderen, um zu sehen, wer das gemacht hatte. Ich sah acht bewaffnete Leute, die auf der Straße gingen und laut auf Englisch und Hebräisch grölten. Ich ließ meine Kinder übersetzen, was sie sagten. Es war »Verlaßt dieses Land, dies ist das Land Israel! Wir werden euch abschlachten!« (Eidesstattliche Erklärung von Fatima Jaabari über ein Erlebnis mit Siedlern aus Kirjat Arba bei Hebron, in: Shehadeh, *Occupier's Law,* S. 186)

Die Siedler tragen also nicht nur durch ihre Vorzugsstellung, sondern auch durch ihr Verhalten zum immer neuen Aufflammen von Haß bei. Und schlimmer noch: Ihre Ausschreitungen werden von den Behörden in der Regel weder verhindert noch kontrolliert, ja nicht einmal dann bestraft, wenn Anzeige erstattet wird. Das ist keine böswillige Unterstellung von außen, sondern das Ergebnis einer von der israelischen Generalstaatsanwaltschaft gebildeten Kommission, die die Durchsetzung des

Rechts in den besetzten Gebieten untersuchen sollte, der sogenannten Karp-Kommission. In der Westbank sind oft palästinensische Jugendliche von Siedlern erschossen worden. Über die polizeiliche Untersuchung eines solchen Falles schreibt die Karp-Kommission:

In dem Fall von Bani Naim begann die Befragung des Verdächtigen (eines jüdischen Siedlers) erst sechs Tage nach dem Zwischenfall. In der Zwischenzeit war eine Delegation von israelischen lokalen Einwohnern bei der Polizei vorstellig geworden und hatte ausdrücklich erklärt, die Einwohner würden nicht mit der Polizei zusammenarbeiten und nur den Weisungen der Militärregierung und des Ministers folgen (der Mann, der der Erschießung verdächtigt wird, gehörte offenbar der Delegation an). (*Karp-Bericht*, S. 33)

In diesem Fall bleibt nachzutragen, daß nie jemand im Zusammenhang mit den tödlichen Schüssen angeklagt wurde. Die Schlußfolgerung des Karp-Berichts spricht eine äußerst vorsichtige Sprache, benennt aber doch den Sachverhalt: Siedler kommen bei Gewaltanwendung gegen Araber meist ungeschoren davon.

Die zusammenfassende Schlußfolgerung aus all dem ist folgende: Die Ergebnisse des Untersuchungsteams weisen auf klare Mängel in der Polizeiarbeit hin, wenn sie aus Nachbarschaftsbeziehungen zwischen Israelis und Einwohnern von Judäa und Samaria erwachsene Ereignisse und Beschwerden von Einwohnern gegen Israelis untersucht. (*Karp-Bericht*, S. 46)

Die Kommission legte den zuständigen Instanzen im Mai 1982 ihren Bericht vor. Im Februar 1984 (!) wurde der Bericht veröffentlicht. Von einem Abstellen der Mißstände kann bis heute keine Rede sein.

Besatzungspolitik, Unterdrückung, Menschenrechte

»Wie kann man denn überhaupt erkennen, daß das hier eine Besatzung ist?« fragte einmal ein amerikanischer Besucher der Birseit-Universität, der für seinen Geschmack zu wenig Stahlhelme auf der Straße gesehen hatte, einen ebenfalls amerikanischen Dozenten an der Uni. Antwort: »Sie haben eine moralische Verpflichtung, Ihr Gehirn zu benutzen!«

Israel bezeichnet seine Besatzungspolitik in Westbank und Gazastreifen stets als äußerst liberal, und dieses Bild wurde auch von der Öffentlichkeit im Westen weitgehend akzeptiert.

Was bleibt von diesem Bild, wenn man sich die tatsächliche Praxis anschaut? Mehrere Dörfer zerstört und ihre Einwohner vertrieben (Amwas, Jalu, Beit Nuba und andere), eine halbe Stadt plattgewalzt (Qalqilia), breite Schneisen in die Lager des Gazastreifens geschlagen, um sie mit Panzerwagen patroullieren zu können, in großem Stil Häuser aufgrund bloßen Verdachts gesprengt, Personen ausgewiesen, Leute ohne Prozeß in Haft genommen usw. usw. – Liberalität? Alles das fand übrigens bereits lange vor Beginn der Intifada in der ganzen Besatzungszeit statt – was während der Intifada geschah, ist ja inzwischen besser bekannt. Und doch hat sich das Bild von der liberalen Besatzungsmacht gehalten. Wie können wir uns das erklären?

Einmal wird von vielen Journalisten erst dann über israelische Brutalitäten berichtet, wenn sie allzu massiv werden, dann allerdings oft in einem Ton der Verwunderung und Hysterie, der einem sehr deplaziert vorkommt, wenn man die alltägliche Praxis aus den besetzten Gebieten kennt. Zum anderen: Gegenüber den spektakulären Massakern, wie sie uns fast täglich »aus aller Welt« in den Medien serviert werden, erscheinen die israelischen Brutalitäten kaum nachrichtenträchtig. Daß es gerade die auf den ersten Blick unauffälligen alltäglichen Schikanen sind, die den Betroffenen das Leben verbittern, sieht hierzulande kaum jemand. Aber hinter all dieser verzerrten Wahrnehmung gibt es doch noch einen tieferen Grund, aus dem sich das Bild von der liberalen Besatzung so hartnäckig gehalten hat: Das Ausmaß des direkten Hineinregierens der Israelis in die Belange der arabischen Bevölkerung ist über weite Strecken ziemlich gering gewesen, oder sagen wir besser: Das Hineinregieren ist nicht besonders sichtbar und auffällig gewesen. Wie kommt das?

Die Ziele der Besatzungspolitik im Hinblick auf die Bevölkerung waren folgende: die Leute möglichst ruhig zu halten, d. h. ihnen so weit wie möglich die Fortsetzung ihres früheren Lebens zu gestatten, Schäden reparieren zu helfen, ohne doch erhebliche Verbesserungen gegenüber dem früheren Zustand zu erzielen, und das mit minimalem Personal- und Geldaufwand. Reibung und Konflikte sollten gering gehalten, das Image Israels verbessert werden. Das alles aber bei genauer Kontrolle und scharfer Unterdrückung jedes nennenswerten Widerstands. Das war die Dajansche Politik der »Besatzung, die man fühlt, aber nicht sieht«. Sie entsprach der Tatsache, daß man zwar am Land, nicht aber an den Leuten interessiert war. Dabei machte sich Israel keinerlei Illusionen, die arabische Bevölkerung massiv auf seine Seite ziehen zu können. Darum tat es auch nichts, um die Araber in eine bestimmte politische Richtung zu drängen. Vielmehr kappte es jeden Versuch politischer Willensbildung ab.

Die Araber waren zwar von Anfang an gegen die Besatzung, aber unter dem Gesichtspunkt der Ruhigstellung ging Dajans Rechnung wenigstens bis zur Mitte der 70er Jahre auf: Es gab keinen allzu massiven Widerstand. Das war auch noch eine Zeit, in der mögliche Reibungen durch »mildernde« Faktoren abgeschwächt wurden. Einige Teile der Bevölkerung profitierten finanziell von der neuen Situation, die ökonomische Lage war insgesamt nicht so schlecht, man merkte das Gewicht der Besatzung nicht übermäßig, zumal die damals gebauten jüdischen Siedlungen wenig bevölkert und weit von arabischen Wohngebieten entfernt waren. Es blieb also relativ ruhig, und die direkte Unterdrückung in den besetzten Gebieten konnte Israel mit eher bescheidenen Kräften bewerkstelligen. Man schätzt, daß im allgemeinen 2 000 Soldaten und Grenzpolizisten dazu ausreichten.

Man kann also sagen, daß in ihrem ersten Jahrzehnt die Besatzung sich von ihrer guten Seite zeigte. Bei all den Widrigkeiten, die eine Besatzungssituation in jedem Fall mit sich bringt, gab es hier doch noch einigen Spielraum. Später schrumpfte dieser merklich, den Palästinensern wurde die Last der Besatzung zusehends schwerer: Der Boom der israelischen Wirtschaft war zum Halten gekommen, und damit auch die unmittelbaren finanziellen Vorteile für die Palästinenser. Die Siedlungstätigkeit nahm in der zweiten Hälfte der 70er Jahre bedrohliche Ausmaße an, die Siedler wurden provokativer. In Landnahme, Straßenbau usw. wurde die israelische Absicht, die Gebiete auf Dauer zu behalten, immer deutlicher dokumentiert. Mit der Regierungsübernahme des Likud kam die Kehrtwendung. Zwar wurde die Unterdrückung selbst nicht direkt verschärft, aber die Regierung gab sich keine Mühe mehr, sie verbal zu verbrämen. Die offizielle Politik des »Weder schlechter noch besser« wurde durchlöchert durch gelegentliches Ausplaudern des israelischen Wunsches, möglichst viele Palästinenser auswandern zu sehen.

In einer Sitzung der Militärregierung im Jahre 1980 antwortete der Generalstabschef auf die Bemerkung eines Stabsoffiziers, man habe Verbesserungen in bezug auf die Wohlfahrt der Einwohner der besetzten Gebiete erzielt: Ich bin nicht an Verbesserungen interessiert, sondern an Auswanderung! (Raja Shehadeh, *Occupier's Law*, S. 127)

Die Politik der Nichteinmischung in das Leben der Araber wurde aufgegeben. Man versuchte, Nationalisten zu bestrafen und »positive« Elemente zu belohnen. Mit den »Dorfligen« wurde eine regelrechte Kollaborateursorganisation gegründet. Auch die wenigen Möglichkeiten der Selbstverwaltung, welche die Bewohner der Gebiete noch hatten, wurden ihnen genommen. So wurden etwa die meisten der 1976 in der Westbank gewählten Bürgermeister spätestens 1982 abgesetzt. Neue Kommunalwahlen, die laut Gesetz 1980 hätten stattfinden sollen, wurden immer wieder verschoben (bis heute hat es keine gegeben!). Und schließlich ist einfach die lange Dauer der Besatzung, ohne die Hoffnung auf ein Ende, ein Faktor, der sie immer drückender macht.

Der schlimmste Aspekt der israelischen Politik besteht darin, daß hier einem ganzen Volk buchstäblich der Boden unter den Füßen weggezogen wird – durch eine Fülle von Maßnahmen, von denen es auch offiziell immer heißt, daß sie weitergehen sollen. Die Einwohner in diesem letzten noch vom arabischen Palästina gebliebenen Stück Land haben also keinerlei Gewißheit, daß der Prozeß seiner Umwandlung in jüdisches Land irgendwann einmal aufhören wird.

Auch als politische Subjekte läßt man ihnen keinen Spielraum. Es ist ja nicht weiter verwunderlich, daß Israel jeden Ansatz zu bewaffnetem Widerstand zerschlägt und schwer bestraft. Aber auch jede Form offener politischer Arbeit wird illegalisiert. Politische Versammlungen sind verboten – wenn sie nicht durch spezielle Genehmigung erlaubt werden. Über die Kriterien für solche Genehmigungen hat ein Sprecher der Militärregierung freimütig Auskunft gegeben:

Versammlungsgenehmigungen werden den Bürgermeistern, Gewerkschaftlern und anderen gegeben, wenn diese Treffen dem Frieden dienen und helfen, Brücken zu unseren Nachbarn zu bauen. Wenn sie aber nur über die

Siedlungen, über Landenteignungen und die Elektrizitätsgesellschaft reden und uns sagen wollen »Wir unterstützen die PLO und ihr, Israel, müßt mit der PLO reden, nicht mit uns«, dann dient das nicht dem Frieden. Wenn sich also die Versammlungen gegen die Normalisierung aussprechen und nur über Politik geredet wird, dann werden wir solche Treffen nicht genehmigen. (Metzger/Orth/Sterzing, S. 68)

Kaum verwunderlich, daß bei solchen Richtlinien Genehmigungen politischer Versammlungen so gut wie nie vorkommen. Das gilt sogar für Israels eigene Kreaturen, die Dorfligen. Sie wurden, wie gesagt, als palästinensische Kollaborateursorganisation geschaffen, aber da sie überhaupt keine Basis in der Bevölkerung haben, spielen sie eher eine Kontroll- und Einschüchterungsrolle. Als sie in die Politik einsteigen wollten und zu diesem Zweck die Gründung einer politischen Partei planten, wurde ihnen das von den Militärbehörden verboten; sie wurden teilweise entwaffnet und ihr Budget beschnitten.

Daß israelische Politiker unter solchen Umständen das Fehlen einer glaubwürdigen und gesprächsbereiten palästinensischen Führung in den besetzten Gebieten beklagen, kann man nur als Heuchelei werten. Übrigens macht diese Heuchelei manchmal ehrlichen Eingeständnissen Platz:

Es hat keinen Sinn zu sagen, daß ich Palästinenser suche, die bereit sind, mit mir zu reden, ... wenn ich zu der Schlußfolgerung gelangt bin, daß ich die Errichtung eines eigenen palästinensischen Staates ablehne ... Mein Ausgangspunkt ist, daß es keinen Platz gibt für einen eigenen palästinensischen Staat. (Jitzhak Rabin, in: Bunzl, *Israel und die Palästinenser*, S. 105)

Hauptsorge der Behörden ist die Kontrolle und die Unterdrükkung jedes möglichen Widerstandes – ob er sich nun bewaffnet oder in anderen Formen äußert. Es geht dabei um das Brechen und die Bestrafung von tatsächlich geleisteter Gegenwehr, um die Entdeckung von Vorbereitungen und die »Vorbeugung« von solchen Aktionen und um die Abschreckung potentieller Täter. Außerdem werden oft auch Zwangsmaßnahmen zur Durchsetzung von israelischen Zielen vorgenommen, die nicht unmittelbar mit Sicherheitsbelangen zu tun haben (z. B. Terrorisieren von Land- oder Hausbesitzern, um sie zum Verkauf ihres Besitzes zu zwingen). In welcher Form läuft die Unterdrückung ab? Was sind die gesetzlichen Handhaben? Welche Logik steht dahinter?

Schon die jordanischen Gesetze engten das politische Leben sehr ein. Parteien beispielsweise waren nicht erlaubt. Im Gazastreifen war es nicht viel anders. Diese Gesetze ließ Israel nun nicht nur in Kraft, sondern verschärfte sie noch. Eine ganze Fülle von öffentlichen Aktivitäten und Organisationen ist verboten. Viele Personen wurden wegen Verstoßes gegen solche Bestimmungen verurteilt – oft sehr hart – und sitzen ein. Sehr charakteristisch für das israelische Vorgehen ist aber, daß noch viel mehr Leute einsitzen oder auf andere Weise bestraft werden, ohne daß sie jemals vor Gericht gestellt werden. Jeder Soldat oder Polizist kann einen Bewohner der besetzten Gebiete festnehmen, der dann bis zu 18 Tagen inhaftiert bleiben kann, ohne einen Rechtsanwalt zu sehen oder einem Richter vorgeführt zu werden. Sehr oft werden junge Leute im Zusammenhang mit einer Demonstration (manchmal auch ohne jeden Zusammenhang) verhaftet, in ein Gefängnis oder Arrestlager gebracht, dort mißhandelt, verhört (oder auch nicht verhört) und wieder freigelassen, bevor die 18 Tage abgelaufen sind. Die weitaus meisten von ihnen werden nie vor Gericht gestellt – ein Hinweis darauf, daß man keinerlei überprüfbare Anschuldigungen gegen sie vorbringen kann, oder doch nur solche, die eine Anklage nicht rechtfertigen. Man schätzt, daß bis 1984 200 000 Leute in der Westbank (20% der Bevölkerung) die Gefängnisse durchlaufen haben. Klagen über Mißhandlungen und Foltern sind so verbreitet, daß sie zumindest in bestimmten Gefängnissen an der Tagesordnung zu sein scheinen.

Andere Möglichkeiten der Bestrafung oder »Vorbeugung«, ohne vor Gericht Beweise vorlegen zu müssen, geben die Defence (Emergency) Regulations von 1945. Sie geben einem Militärbefehlshaber oder -gouverneur das Recht, bestimmte Maßnahmen anzuordnen, wenn ihm militärische oder Sicherheitsgesichtspunkte das zu rechtfertigen scheinen. Die meisten gegen Einzelpersonen verhängten Maßnahmen sind: Administrativhaft (Haft ohne Anklage bis zu sechs Monaten, erneuerbar), Häusersprengungen oder Versiegelungen von Wohnungen (von Personen, die terroristischer Akte verdächtigt werden), Abschiebungen und Einschränkungen der Bewegungsfreiheit (Hausarrest, Stadtarrest, Verbot, ein bestimmtes Gebiet zu betreten, usw.). Wenigstens 1 200 Personen wurden seit 1967 abgeschoben, wenigstens 1 300 Häuser gesprengt. Allein im Zusammenhang mit der Intifada sind derzeit (September 1988) mehr als 2 500 Personen in Administrativhaft. Die Beibehaltung der Defence (Emergency) Regulations wird auch in Israel oft kritisiert – sie geben dem Militär praktisch unbegrenzten Handlungsspielraum. Oft werden auch eindeutig Unschuldige von den Maßnahmen getroffen.

Ali Mohammed Schehadeh al-Khalaileh wurde nach offiziellen Berichten am 6. Oktober 1985 in den Hebronbergen bei einer Schießerei mit israelischen Einheiten getötet. Das Haus seiner alten Eltern in Samu bei Hebron wurde zwei Tage später zerstört. Aber Ali hatte nur für einige Wochen vor seinem Tod im Haus seiner Eltern gelebt, in den vergangenen fünf Jahren hatte er mit seiner Frau und seinen Kindern in Ramallah gewohnt. Als das Haus zerstört wurde, war Ali schon tot, also nicht in der Lage, zusätzlich bestraft zu werden. Die einzigen, die litten, waren seine Angehörigen, die keiner Verfehlung beschuldigt wurden. (Emma Playfair, *Demolition,* S. 15)

Von gezielten Unterdrückungsmaßnahmen zur Aufrechterhaltung der Sicherheit kann da keine Rede mehr sein. Vielmehr geht es um Abschreckung im weitesten Sinn nach der Logik »die Araber verstehen nur die Sprache der Gewalt«. Oft treffen die Schläge auch Leute, die gar nichts mit dem Anlaß der Aktion zu tun hatten. Eine Armee-Einheit rückt z. B. aus, um Steinewerfer zu fassen, diese entkommen, und in ihrer Wut greifen die Soldaten den nächsten besten. So etwas passierte 1978, als während der israelischen Invasion im Libanon eine Armee-Einheit, die mit der Unterdrückung von Protesten in der Westbank befaßt war, auch in eine Schule in Beit Dschala bei Bethlehem eindrangen:

Unser Klassenzimmer liegt im zweiten Stock, sagt Walid. An jenem Morgen, an dem wie üblich Unterricht abgehalten wurde (er sagt, es habe keine Demonstrationen gegeben und niemand habe Steine geworfen), kamen Soldaten ins Klassenzimmer und sagten zu den Schülern: Ihr braucht keine Angst zu haben. Macht die Fenster zu! Und dann haben sie eine CS-Gasgranate geworfen. Walid sagt, daß die Soldaten auch in andere Klassenzimmer Gasgranaten geworfen haben. »Wir hatten das Gefühl, daß wir eingesperrt sind, und haben gebettelt, daß sie uns hinauslassen. Aber die Soldaten hielten die Tür zu. Einige von uns sind in Panik geraten und aus dem Fenster gesprungen (das Fenster liegt sieben Meter über dem Erdboden. Der Boden ist mit Steinen und Felsbrocken bedeckt, dem Schutt eines Bauvorhabens; J. L.). Und so habe ich mir beide Beine gebrochen.« (Jehuda Litani, in: Spehl, *Spätfolgen,* 107 f.)

Eine ganze Reihe von Faktoren und Überlegungen bestimmt die Behandlung der palästinensischen Bevölkerung durch Armee und Militärbehörden. Einmal sind da die direkten Sicherheitserwägungen, die auf die Unterdrückung jeder Opposition, auch einer rein politischen, zielen. Dann gibt es die Absicht der Einschüchterung und Abschreckung, oft mit dem Hintergedanken, möglichst viele Leute aus dem Land »hinauszuekeln«. Hinzu kommt eine bei Israelis weit verbreitete Verachtung der Araber, die aus der Vorstellung erwächst, sie stünden letzten Endes nicht auf der gleichen menschlichen und zivilisatorischen Stufe wie sie selbst und seien überdies von unauslöschlicher Feindseligkeit gegen die Juden besessen. Das führt zu einer mal herablassenden, mal gewaltbetonten Behandlung der Bevölkerung. Und gekrönt wird all das durch allgemeine Korruption und bürokratische Ineffizienz der Behörden – die es in Israel selbst auch gibt, in den besetzten Gebieten aber durch schlechtes Personal, unzureichende Budgets und allgemeine Interesselosigkeit auf die Spitze getrieben wird. Man muß allerdings betonen, daß die Korruption schlagartig aufhört, sobald Sicherheitsinteressen ins Spiel kommen. Wenn die Summen nur hoch genug sind, kann man von den Behörden gegen Geld so gut wie alles haben – Hintansetzung von Sicherheitserwägungen, so wie der Geheimdienst sie versteht, nicht.

Menschenrechte bleiben dabei sehr oft auf der Strecke. Es gibt häufige Ausgangssperren für Flüchtlingslager und Dörfer, manchmal auch für ganze Städte. Universitäten, Schulen und andere Institutionen werden oft für längere Zeit geschlossen. Versammlungs-, Rede- und Ausdrucksfreiheit sind stark eingeschränkt, es gibt strenge Pressezensur, viele Publikationen sind verboten, ein ganzes Arsenal von weiteren Einschränkungsmöglichkeiten steht den Behörden zur Verfügung. Dabei werden diese Bestimmungen nicht immer streng durchgeführt, und darum glauben viele an die liberale Besatzung. Die gesetzlichen Instrumente der Unterdrückung sind aber immer da und können nach Gutdünken angewandt oder nicht angewandt werden – ein zusätzliches Moment der Willkür.

Ganz abgesehen aber von den massiven Menschenrechtsverletzungen, die mit der planmäßigen Unterdrückung verbunden sind und nur einen bestimmten Teil der Bevölkerung betreffen: Ausnahmslos alle arabischen Bewohner haben unter den alltäglichen Schikanen und Willkürmaßnahmen der Behörden zu leiden. Die besetzten Gebiete wurden 1967 zum geschlossenen militärischen Gebiet erklärt und sind das (in der Praxis nur für Araber!) bis heute. Um das Land zu verlassen, braucht man eine besondere Erlaubnis, die oft ohne Angabe von Gründen verweigert wird.

Ein palästinensischer Dozent in Birseit heiratete eine ebenfalls palästinensische Kollegin, die aber 1967 nicht im Land gewesen war und daher keinen israelischen Ausweis für die besetzten Gebiete – die Voraussetzung für die permanente Aufenthaltsberechtigung – hatte. Es gibt die Möglichkeit der Familienzusammenführung, die aber kurz zuvor erschwert worden war und die so oder so einen ungeheuren Aufwand an Nervenkraft, Behördengängen, Anwaltsgebühren, astronomischen Bestechungsgeldern und Zeit erfordert. Dies führte nun im vorliegenden Fall nach mehr als eineinhalbjährigen aufreibenden Bemühungen zum gewünschten Erfolg: Die Frau bekam einen Ausweis und konnte im Land bleiben. Nun *mußte* sie allerdings auch für ein Jahr im Land bleiben, wie das in solchen Fällen üblich ist. Selbst danach allerdings bekam sie keine Ausreisegenehmigung (Laisser-passer), konnte ihrem Mann also nicht in die USA folgen, wo er als Gastdozent arbeitete. Das dauerte ein weiteres halbes Jahr. Dann bekam sie endlich auch diese Genehmigung.

Ein anderer Dozent, dessen Promotionsverfahren in Deutschland lief, mußte die mündliche Prüfung um ein halbes Jahr verschieben, weil auch er kein Laisser-passer erhielt. In seinem Fall bedeutete das, daß er für diese Zeit nur die Hälfte seines Gehalts bekam, denn in Birseit hängt das Einkommen sehr vom Titel ab.

Begründungen werden in solchen Fällen nicht gegeben; man verweist auf den Geheimdienst, bei dem es weder Auskunfts- noch Einspruchsmöglichkeit gibt. Der ausländische Beobachter, dem solche Erfahrungen ja meist erspart bleiben, denkt an Kafka.

Solchen Schikanen und bürokratischen Spießrutenläufen entgeht niemand. Manchen mögen sie aus dem Land getrieben haben oder noch treiben. Aber bei vielen anderen haben sie sicherlich auch einen Druck und Groll aufgestaut, der sich nicht in Emigration entlädt.

Palästinensische Wahrnehmungen und Haltungen

Wie erleben die Palästinenser selbst ihre Lage unter der Besatzung, und wie verhalten sie sich dazu? Die materielle Lage ist für die meisten von ihnen nicht unerträglich. Das ist nicht alles, aber es bedeutet ihnen viel. Ein eigenes Haus, ein eigenes Auto sind schon eine Errungenschaft, vor allem, wenn die größeren Lebenszusammenhänge eher trostlos erscheinen. Sicher, es gibt immer noch Elend – die großen Lager im Gazastreifen sind der sichtbarste Ausdruck davon. Rein materiell und durchschnittlich gesehen ist der Lebensstandard aber unter der Besatzung unbestreitbar gestiegen. Das heißt nicht, daß man Israel dafür dankbar wäre. Man vergleicht seine Situation nicht mit der vor 20 Jahren, sondern mit der der Israelis, denen es immer noch weit besser geht. Und schließlich haben die Palästinenser ihr vermehrtes Einkommen nicht geschenkt erhalten, sondern arbeiten in der Regel sehr hart dafür – härter als israelische Arbeiter.

Daß all das von einer Schwächung der palästinensischen Wirtschaft und von ihrem immer stärkeren Abrutschen in die Abhängigkeit begleitet war, weiß man. Diese öffentliche Verarmung wird nicht unmittelbar verspürt, aber viele Leute machen sich doch Sorgen um die Zukunft. Man weiß auch sehr genau um die Bedeutung der israelischen Maßnahmen, die auf die Umwandlung des arabischen Palästina in ein vollständig jüdisches Land zielen. Bei älteren Leuten trifft man noch gelegentlich auf den Selbsttrost: Wir haben die Türken überstanden, die Engländer und die Jordanier. Auch die israelische Besatzung wird irgendwann einmal vorübergehen! Die meisten Leute kennen aber sehr wohl den fundamentalen Unterschied. Ein alter Mann drückte das so aus:

> Es ist mir gleich, wer regiert. Sie taugen alle nichts. Sie wollen alle unser Geld, und unter den Türken mußten unsere Männer zur Armee. Aber noch nie zuvor haben wir eine Regierung gehabt, die uns das Land unter den Füßen wegziehen wollte. (Raja Shehadeh, *Aufzeichnungen*, S. 106)

Und dann gibt es natürlich eine ganze Reihe elementarer Rechte, die den Palästinensern unter der Besatzung vorenthalten werden. Das reicht vom Recht, seine Regierung selbst zu bestimmen, über das Recht auf Leben und körperliche Unversehrtheit, das Recht auf Freiheit bis hin zum Recht auf menschliche Würde, das durch die ganz alltägliche Praxis der Besatzung andauernd mit Füßen getreten wird.

> Heute wurde ich von Soldaten auf der Straße angehalten. Ein Stück weiter trieben andere Soldaten eine Gruppe demonstrierender Studenten zusammen. Sie steckten sie in einen Bus und rasierten ihnen genau in der Mitte des Kopfes einen Streifen heraus. Gebrandmarkt. Die Israelis können sicher sein, daß jeder geschorene Kopf einem neuen *fida'i* (Freiheitskämpfer) gehört. (Raja Shehadeh, *Aufzeichnungen*, S. 61)

Aus dieser zwiespältigen Situation unter der Besatzung muß man auch die im allgemeinen zwiespältige Reaktion der Palästinenser verstehen: eine Tendenz, sich praktisch mit der Besatzungssituation zu arrangieren, ohne sie doch irgendwie zu legitimieren oder sich endgültig mit ihr abzufinden. Darum sieht der ausländische Besucher, wenn er nicht gerade besonders kritisch hinsieht oder an neuralgische Punkte geht, ganz normales Leben: Bauern pflügen ihre Felder, ihre Frauen bieten auf den Bürgersteigen der Städte Obst und Gemüse zum Verkauf an, der Handel floriert, Arbeiter fahren auf israelische Baustellen. Es gibt viele Autos, darunter die luxuriösesten Mercedes- und BMW-Modelle, die dort ein Mehrfaches unseres Preises kosten. Und doch geben dieselben Leute, wenn man sie fragt, ohne mit der Wimper zu zucken und fast einmütig ihre Sympathie mit der PLO zu Protokoll.

Der äußere Eindruck ist also irreführend. Man muß sich immer die Zwiespältigkeit der Situation vor Augen führen. Allerdings läuft das Sich-Arrangieren in einer Lage, die man innerlich total ablehnt, auf reine Schizophrenie hinaus. Je länger diese Situation dauert und je auswegloser sie erscheint, um so schwerer wird es, sie auszuhalten.

Nun dauert sie ja schon ziemlich lang, und die Militärs haben bis vor einiger Zeit dennoch ruhig geschlafen. Es war ihnen gelungen, die Dinge mit relativ geringem Aufwand im Griff zu behalten. Sie handelten auch auf ihre Weise ganz klug: Die Palästinenser, besonders die Mehrheit von ihnen, die noch immer auf dem Land lebt, sind von Hause aus ein konservatives, friedliebendes Volk, wenig politisiert, wenig anspruchsvoll, stark am ruhigen Leben interessiert. Für viele von ihnen war noch 1967 der Bezugsrahmen ihres Lebens nicht die Nation, sondern die engere Gemeinschaft: das Dorf, die erweiterte Familie, ihr Land. Jede Regierung, die ihnen ermöglichte, in diesem Rahmen weiterzuleben, konnte ansonsten machen, was sie wollte. Unter der jordanischen Herrschaft wurden die Kreise der ländlichen Bevölkerung verhältnismäßig wenig gestört, und durch ein System von Autoritäten (Dorfvorsteher, Polizei) und Informanten konnte sie leicht manipuliert und kontrolliert werden.

Auf dieser Klaviatur verstanden auch die israelischen Besatzungsbehörden virtuos zu spielen. Sie sorgten dafür, daß die Leute »etwas zu verlieren hatten«: Sie griffen in ihre Alltagsangelegenheiten nicht zu stark ein, sie ließen ihnen ihre Verdienstmöglichkeiten, wo keine israelischen Interessen berührt waren, sie übernahmen das System der Manipulation und das Spitzelwesen von den Jordaniern und handhabten es wie diese. Und das klappte auch weitgehend. In den Städten und Flüchtlingslagern griffen diese Methoden allerdings nicht ohne weiteres; hier hatte es auch schon vor 1967 mehr Unruhe und Protestpotential gegeben. Da mußte dann im Notfall der andere Mechanismus der Kontrolle herhalten – brutale Unterdrückung. Bei allem In-Ruhe-Lassen zeigte Israel auch in ruhigen Zeiten sehr deutlich, daß alle Machtmittel in seiner Hand waren. Die – relativ geringen – Unterdrückungskräfte, die Israel zur Pazifizierung der Gebiete einsetzt, treten oft bewußt furchterregend in Erscheinung.

Einer der Schocks, die die Bevölkerung der Gebiete durch den Junikrieg erlitten hatten, war die Erkenntnis, daß die Israelis, die ihnen von der arabischen Propaganda immer als Monster vorgestellt worden waren, Menschen »wie du und ich« waren, mit demselben Aussehen, denselben Regungen, Bedürfnissen etc. Nun sehen die Soldaten in den besetzten Gebieten so aus und treten so auf, als wollten sie dem früheren Bild entsprechen: flache Helme mit Tarnnetzen, auch in der größten Hitze stets in voller Montur und vollständig, manchmal übertrieben ausgerüstet, oft mit zwei Gewehren, Munition, Granaten, Schlagstock. Manche tragen schweres Funkgerät mit mehrere Meter langer Antenne auf dem Rücken. Mag sein, daß das alles mit Einschüchterungsabsichten nichts zu tun hat – aussehen tut es jedenfalls wie eine Theateraufführung.

Bei der Generation, die unter dem Eindruck der arabischen Niederlage von 1967 stand, wirkte das auch. Mit der doppelten Taktik des weitgehenden In-Ruhe-Lassens und der Drohung mit Repressalien bei »Störung der öffentlichen Ordnung« konnte Israel erreichen, daß die Mehrheit der Bevölkerung sich ruhig verhielt. Der dauerhafte Erfolg dieser Taktik war aber an bestimmte Bedingungen geknüpft. Eine dieser Bedingungen war, daß man die Palästinenser tatsächlich in Ruhe ließ. Das war aber, wie angedeutet, nicht mehr der Fall. Eine andere Bedingung war, daß die alten Autoritäten (Familienoberhäupter, Dorfvorsteher) nicht in Frage gestellt wurden, denn sie waren die Garanten der Ruhe. Sie wurden aber durch die wirtschaftliche Entwicklung in Frage gestellt: Macht und Reichtum der alten ländlichen Elite bröckelten ab. Und es wuchs eine neue Generation heran, die mit den alten Methoden nicht mehr in Schach zu halten war.

Ca. 47% der Bevölkerung in den besetzten Gebieten sind heute weniger als 15 Jahre alt. Die Schulausbildung hat sich zwar nicht in jeder Hinsicht qualitativ verbessert, jedoch erheblich ausgeweitet. Viele junge Leute besuchen eine Universität oder andere höhere Lehranstalt. Sie bekommen einen neuen Erfahrungs-, Wissens- und Erwartungshorizont, der sie ihre rechtlose Lage viel schmerzlicher spüren läßt.

Die Alten, auch unter den Flüchtlingen, beklagen zwar ihre Lage und trauern den alten Zeiten nach, denken aber nicht an aktiven Widerstand. Sie stehen noch unter dem Bann der Niederlage von 1967. Sie nähren teilweise auch noch die Illusion, »die Araber« würden ihnen zu Hilfe kommen. Jedenfalls glauben sie nicht, sie selbst könnten oder sollten etwas gegen die Besatzung tun. Auch die Jungen wissen, wie übermächtig Israel ist. Sie sind aber nicht bereit, darum klein beizugeben. Sie kennen nur das Leben unter der Besatzung. Sie wissen, daß diese nicht im Handumdrehen zu beseitigen ist. Sie sehen ihre Gesellschaft von den israelischen Maßnahmen immer weiter in die Ecke gedrängt. Und sie sehen ihre persönlichen Chancen, nach dem Schul- oder Universitätsabschluß einen passenden Job zu finden, immer mehr schwinden. In den Gebieten selbst gibt es kaum qualifizierte Arbeitsplätze, und auch das bisherige »Ventil« – Arbeit in den Golfstaaten – wird immer mehr verstopft. Die Jugendlichen bekommen immer stärker das Gefühl, nichts mehr zu verlieren zu haben. Es staut sich große Unzufriedenheit an, die sich auch schon früher auf verschiedene Weise geäußert hat – Demonstrationen, Blockieren von Straßen mit Felsbrocken und brennenden Autoreifen, Steinewerfen auf vorbeifahrende israelische Siedler. Die sehr harten und undifferenzierten Unterdrückungsmaßnahmen erhöhen dann noch den Druck.

Das alles fiel lange Zeit kaum auf, denn es entwickelte sich im Rahmen der alten Strukturen. Die Stadt-Land-Verteilung der Bevölkerung blieb dieselbe, und auch die traditionelle Familienstruktur blieb weitgehend erhalten. Diese Struktur sollte den Behörden sogar dienen, den Protest der Jugend einzudämmen. Demonstrierende Jugendliche wurden mit hohen Geldstrafen belegt. Die mußten von den Familien aufgebracht werden – für diese ein Motiv, ihre Kinder im Zaum zu halten. Jedenfalls war das das Kalkül der Israelis. Hinter den ruheliebenden Familienvätern, deren Autorität ungebrochen war, sahen sie das Protestpotential der Jugend in seinem ganzen Ausmaß nicht.

Man muß da unwillkürlich an den Orangenpflanzer in Gaza denken, dem die Behörden nicht gestatten, neue Bäume zu pflanzen (der Baumbestand *muß* von Zeit zu Zeit erneuert werden, um ertragreich zu bleiben): »Der einzige Weg, der mir bleibt, ist, neue Bäumchen neben die Bäume zu pflanzen, die ich jetzt habe, und die alten umzuhauen, wenn die neuen weit genug herangewachsen sind« (Cossali/Robson, *Stateless*, S. 80).

Was sich hier herausbildet, ist kein Generationenkonflikt. Es sind unterschiedliche Haltungen verschiedener Generationen, die zwar Spannungen in den Familien erzeugen können, aber nicht als Konflikt ausgetragen werden.

Die radikale Haltung vieler Jugendlicher hatte auch bisher schon einen Raum, wo sie sich relativ ungehindert entfalten konnte: die Hoch- und Oberschulen. Die Hochschulen in den besetzten Gebieten sind wahre Hochburgen nationalistischer Mobilisierung und Aktivität. Die Atmosphäre unter der Besatzung ist sowieso politisch aufgeladen, und Studenten sind dafür noch empfänglicher als andere. Selbst solche, die unter anderen Umständen völlig unpolitisch wären, nehmen hier in dieser oder jener Form am politischen Leben teil oder interessieren sich wenigstens dafür. Die Beteiligung an Studentenratswahlen – eine der wenigen Gelegenheiten, bei denen man unter israelischer Besatzung wählen kann – liegt bei 95%. Und man kann hier auch sonst vieles tun, was außerhalb der Unis schwer bestraft würde, denn normalerweise verzichtet das Militär darauf, in die Hochschulen einzudringen. Das würde viel böses Blut machen, und hier beschäftigte Aktivisten sind Israel wohl lieber als solche, die auf der Straße tätig würden. So kann man hier politische Versammlungen abhalten, Flugblätter und illegale Literatur verbreiten usw.

Ich habe drei Jahre an einer dieser Hochschulen unterrichtet und viele Aktivitäten der Studenten miterlebt. Sie waren politisch hochinteressiert und -mobilisiert, verfolgten Entwicklungen der palästinensischen Politik sehr aufmerksam und kommentierten sie in Flugblättern sehr radikal – verbalradikal, wie ich damals meinte. Auseinandersetzungen in der PLO fanden ihre Fortsetzung in der Uni – teilweise sehr heftig. Muslimbrüder und linke Nationalisten bekämpften sich erbittert. Alle »nationalen« Anlässe wurden mit Streiks und Versammlungen begangen.

Große Wirkung nach außen hatte alles das nicht. Es sah so aus, als hätten die Hochschulen die Funktion eines Sicherheitsventils, wo die Studenten Dampf ablassen, oder einer Spielwiese, auf der sie sich austoben könnten. Diese Funktion hatten sie wohl teilweise auch – und das ist wahrscheinlich auch der Grund, aus dem die Behörden politische Betätigung auf dem Campus zuließen (wenn es ihnen zuviel wurde, und das kam oft genug vor, schlossen sie die Hochschulen kurzerhand). Aber es war auch mehr: Zu einer Zeit, in der anderswo kaum eine freie Regung möglich war, konnten hier politische Diskussion und Auseinandersetzung erprobt und der Geist des Widerstandes lebendig erhalten werden – und sei es auch nur verbal. Und daß es nicht verbal bleiben mußte, hat sich in der Intifada gezeigt, an der Studenten sich nach Kräften beteiligen.

Palästinensische Politik unter der Besatzung

Ich habe versucht zu erklären, warum sich die Mehrheit der Bevölkerung mit der Besatzungssituation arrangierte und aktiver Widerstand auf eine Minderheit beschränkt blieb. Dennoch wurde die Besatzung stets abgelehnt, und dennoch wuchs das Protestpotential im Lauf der mehr als 20 Jahre, die sie schon dauert, immer mehr an. Es bleibt darzustellen, was denn nun von der aktiven Minderheit gegen die Besatzung unternommen wurde, welches Bewußtsein und welche Zielsetzung dahinter standen und wie sich diese Konstellation im Lauf der Zeit verändert hat. Und es bleibt zu fragen, wie sich die politische Orientierung der breiten Bevölkerung entwickelt hat.

In erster Linie vollzieht sich der politische Prozeß in den besetzten Gebieten selbst: Deren Entwicklung gibt den Hintergrund ab, die Kontrahenten sind Israel und die Palästinenser dieser Gebiete. Man kommt aber nicht umhin, einige Faktoren im Auge zu behalten, die diese Entwicklung »von außen« beeinflussen.

Mit der Besetzung wurden die Gebiete von der arabischen Welt abgetrennt, deren Teil sie bis dahin gewesen waren. Nun ist diese Abtrennung keineswegs vollständig – die arabische

Welt übt immer noch einigen Einfluß aus. Besonders gilt das von Jordanien, aber auch andere Staaten spielen dank ihrem politischen Gewicht oder ihrer Finanzkraft eine gewisse Rolle.

Die Bewohner der Westbank sind jordanische Staatsbürger oder werden jedenfalls bisher noch als solche behandelt. Sie können im Prinzip den Jordan überqueren und in die arabische Welt reisen. Viele tun das auch, meist, um in den Golfstaaten zu arbeiten. Jordanien betrachtete die Westbank als sein Staatsgebiet, es zahlte vielen Staatsangestellten Gehälter, es übte eine Reihe von Verwaltungsfunktionen aus – und zwar mit Wissen, Billigung und Kooperation der israelischen Behörden. Offiziell ist das zwar seit dem 31. Juli 1988 anders, aber praktisch bleibt manche Einflußmöglichkeit bestehen. Finanzielle Unterstützung aus der arabischen Welt und Überweisungen von Privatpersonen in die besetzten Gebiete gehen in aller Regel über Jordanien. Auch viele der Exporte gehen nach oder über Jordanien. All das, in Verbindung mit der Loyalität einiger der alten Politiker der Westbank, gibt Jordanien hier ganz erhebliche Einflußmöglichkeiten. Für andere arabische Staaten gilt das in viel geringerem Maß, und im Gazastreifen viel weniger als in der Westbank.

Ein anderer Einfluß, nicht eigentlich »von außen«, aber doch mit seinem Zentrum außerhalb der besetzten Gebiete, kommt von der neuen palästinensischen Widerstandsbewegung, die sich Mitte der 60er Jahre bemerkbar machte, 1968 die Führung der Palästinensischen Befreiungsorganisation (PLO) übernahm und seitdem mit dieser identifiziert wird. Diese Bewegung ist unter den Palästinensern der Diaspora entstanden, hat zunächst vor allem deren Interessen vertreten und muß diese auch heute noch schwerpunktmäßig berücksichtigen. Lange Zeit hat sie die Flüchtlinge vor allem unter der Parole der »Rückkehr« mobilisiert, d. h. Rückkehr in ihre alte Heimat – im heutigen Israel. Das machte für andere Teile der palästinensischen Bevölkerung – die Palästinenser in Israel und die ansässige Bevölkerung der Westbank und des Gazastreifens – nicht viel Sinn.

Unabhängig von ihren Parolen wurde aber die PLO in den Jahren 1967 bis 1974 zum Symbol für eine neue palästinensische Identität, die *alle* Palästinenser einschloß. Zum ersten Mal nach langer Zeit nahmen hier Palästinenser ihre Sache in die eigene Hand, und sie weigerten sich auch, nach der arabischen Niederlage 1967 die Waffen niederzulegen. Die PLO wurde denn auch 1973/74 auf arabischer und internationaler Ebene als Vertreterin der Palästinenser anerkannt. Auch die Palästinenser der besetzten Gebiete sahen sich nun durch die PLO vertreten. Diese hatte 1974 ein Etappenprogramm beschlossen, das die Errichtung eines palästinensischen Staates in allen Gebieten vorsah, aus denen sich Israel zurückziehen würde. Damit berücksichtigte sie, daß ein Rückzug Israels aus den 1967 besetzten Gebieten für deren Bewohner vordringlich war. Das kam diesen entgegen und förderte ihre Identifizierung mit der PLO.

Die PLO ist ein Zusammenschluß mehrerer Organisationen. Die wichtigsten von ihnen sind auch in den besetzten Gebieten vertreten – sie sind das organisatorische Rückgrat der nationalen Bewegung hier. Allerdings ist das Gewicht der einzelnen Organisationen in der Bewegung »innen« und »außen« durchaus verschieden. Die Linke ist in den besetzten Gebieten viel stärker vertreten als außerhalb. Obwohl auch innen sicherlich nicht in der Mehrheit, hat sie doch hier durch ihre soliden Organisationen und durch ihre Betonung der Massenarbeit ein ziemliches Gewicht und große Mobilisierungsfähigkeit. Was im Inneren gemacht werden soll und kann, können die am Ort präsenten Kräfte zweifellos besser beurteilen als die Führung der PLO. Die meisten der palästinensischen Gruppen, deren Schwerpunkt außerhalb der Gebiete liegt, haben auch kein detailliertes Programm für den Kampf *in* den Gebieten entwickelt. Andererseits ist die PLO-Führung schon durch ihre Symbolfunktion Schwerpunkt der palästinensischen Bewegung insgesamt. Man glaubt außerdem in den Gebieten, daß man auf keinen Fall seine eigenen Belange von denen der palästinensischen Diaspora (und damit der PLO »außen«) abkoppeln sollte. Und schließlich ist unter der Besatzung keine freie politische Diskussion und Auseinandersetzung möglich – Voraussetzung für die Herausbildung einer genuinen Führung, die auch als Verhandlungspartner auftreten könnte. Darum schaut die Bevölkerung der besetzten Gebiete auf die PLO als ihre politische Vertretung, unabhängig von der Einschätzung ihrer Politik im einzelnen und ohne sich an alle von Tunis gegebenen Anweisungen gebunden zu fühlen.

Die »offiziellen« Unterstützungsgelder arabischer Staaten für die besetzten Gebiete – die sogenannten Standhaftigkeitsgelder – werden von einem gemeinsamen jordanisch-palästinensischen Komitee verteilt, das in Amman sitzt. Dieses Komitee wird oft beschuldigt, einseitig projordanische und rechte palästinensische Kräfte zu unterstützen.

Auch die Palästinenser in Israel sind ein gewisser Einflußfaktor – sie haben schon längere Erfahrung mit dem Leben unter israelischer Herrschaft. Ihr Kampftag gegen Diskriminierung und Landnahme – der »Tag des Bodens« – wird alljährlich auch in den besetzten Gebieten begangen. Allerdings sollte man die gegenseitige Einflußnahme der beiden Bevölkerungsgruppen nicht überschätzen. Solidarität und Zusammengehörigkeitsgefühl werden offen geäußert, aber die mehrheitlich vertretenen Ziele sind verschieden: Wo es den Palästinensern in Israel um Anerkennung ihrer Rechte als nationale Gruppe und Aufhebung ihrer Diskriminierung *in* Israel geht, wollen die der besetzten Gebiete die Loslösung von Israel.

Politische Orientierung und Aktivität in den besetzten Gebieten durchliefen mehrere Phasen. Die erste war die des *Schocks* und des *Rückwärtsschauens.* Die vernichtende arabische Niederlage war überraschend gekommen. Was man danach zunächst erreichen wollte, war die »Beseitigung der Aggressionsfolgen«, d. h. die Rückkehr aller besetzten Gebiete unter arabische Herrschaft. In Westbank und Gaza tat man vor allem zweierlei, um das zu erreichen: bewaffnete Kommandoaktionen, vor allem getragen von Fatah und der »Volksfront für die Befreiung Palästinas« (FPLP), und legale Proteste, deren Ton von den traditionellen Notabeln angegeben wurde. So verschieden diese Kampfformen auch waren, beide waren sie getragen von der Vorstellung, die Besatzung werde nur vorübergehend sein und man müsse nur möglichst stark drücken, um sie noch schneller loszuwerden.

Das stellte sich bald als Irrtum heraus: Die legalen Proteste verhallten ungehört, viele ihrer Träger wurden schleunigst nach Jordanien abgeschoben, und der bewaffnete Widerstand wurde völlig zerschlagen. Das dauerte allerdings im Gazastreifen viel länger und erforderte viel mehr Kräfte als in der Westbank. Die Ägypter hatten hier viele Waffen zurückgelassen, und in den ungeheuer dicht bevölkerten Lagern konnten sich die Guerillas »wie Fische im Wasser« bewegen, wenn auch die topographischen Bedingungen für Partisanenkrieg ungünstig waren und politische Arbeit zu seiner Unterstützung nicht stattfand. Es bedurfte zur Zerschlagung der Guerilla der ganzen Brutalität von Ariel Scharon, der breite Schneisen in die Lager schlagen ließ, um sie auszudünnen und besser kontrollieren zu können. Das war 1971; in der Westbank hatte man die Partisanentätigkeit schon 1968 stoppen können.

Darauf folgte eine Phase der *Stagnation.* Es war klar geworden, daß Israel hartnäckig an den Gebieten festhielt. Einem Teil der Bevölkerung ging es materiell besser als vorher. Durch die Zerschlagung der bewaffneten palästinensischen Bewegung in Jordanien im »Schwarzen September« waren die Palästinenser auch in den besetzten Gebieten niedergedrückt und desorientiert; die alten projordanischen Notablen waren diskreditiert, eine neue, autonom palästinensische Führung hatte sich noch nicht gebildet.

1972 begann sich die Bewegung von ihrer Lähmung zu erholen. Es begann eine Phase der *organisierten politischen Arbeit.* Träger dieser Arbeit waren politische Organisationen, die sich 1973 zur »Palästinensischen Nationalfront« (PNF) zusammenschlossen. Diese Gruppen waren Fatah, die Westbank-Teile der jordanischen KP, die »Demokratische Front für die Befreiung Palästinas« (FDLP) und einige Unabhängige. Die Volksfront koordinierte sich von Fall zu Fall mit der PNF. Einige dieser Gruppen bestanden schon lange und brachten reiche organisatorische und politische Erfahrung mit. Sie hatten keinerlei Illusionen über die israelischen Absichten. Die PNF koordinierte ihre Aktivität und politische Haltung mit der PLO, in gewisser Weise verstand sie sich als »PLO im Inneren«. Sie gab der Ablehnung der Besatzung klaren Ausdruck, befreite das politische Leben in der Westbank von der jordanischen »Vormundschaft« und orientierte die Bevölkerung auf einen autonompalästinensischen Nationalismus und auf die PLO als dessen Vertreterin. Im Einklang mit dem Etappenprogramm der PLO von 1974 faßte sie einen unabhängigen palästinensischen Staat *neben* Israel ins Auge. Seitdem wird der Kampf in den besetzten Gebieten unter dieser Hauptforderung geführt. Die politischen Kräfte hier sagen das auch deutlicher als die PLO-Führung, die sich mit eindeutigen Aussagen über ihre Zielvorstellungen etwas schwer tut.

Der größte Erfolg der PNF waren die Kommunalwahlen in der Westbank im April 1976. Hier errangen ihre Kandidaten, die sich meist offen zur PLO bekannt hatten, einen überwältigenden Erfolg. Die alte projordanische Elite wurde aus den Rathäusern gefegt. Bis dahin hatten die Bürgermeister auch die Rolle von Vermittlern zwischen den Militärbehörden und der Bevölkerung gespielt. Das wollten die neuen Bürgermeister nicht mehr, jedenfalls nicht, wenn es um politische Fragen ging.

Sie schlossen sich zu einer informellen Koalition zusammen. Damit hatte die Opposition gegen die Besatzung eine neue Plattform, und die PNF verlor an Gewicht. Bald hörte sie ganz auf zu bestehen.

Das leitete eine neue Phase im Widerstand gegen die Besatzung ein – die der *nationalen Persönlichkeiten und Institutionen.* Die überwältigende Zustimmung der Bevölkerung für die PLO war nunmehr unbestritten, dafür brauchte keine Mobilisierungsarbeit mehr geleistet zu werden. Politische Aktivität wurde jetzt nicht mehr von bestimmten Gruppen geplant und organisiert, sondern bestand vor allem darin, daß die Bürgermeister oder andere angesehene Persönlichkeiten das aussprachen, was die meisten Leute ohnehin dachten. Demonstrationen, Zusammenstöße etc. wurden nicht von einem Zentrum geplant, sondern entwickelten sich spontan aus einem »gegebenen Anlaß« – und meist gab Israel den Anlaß etwa durch Eindringen der Armee in Schulen, Maßregelung der Bürgermeister u. ä.

Israel beschnitt auch die Finanzmittel der neuen Stadtverwaltungen. Alternative Geldquellen waren arabische Unterstützungsfonds. Auch andere »nationale Institutionen« – Hochschulen, Wohltätigkeitsorganisationen etc. – erhielten erhebliche Finanzmittel aus und über Jordanien. Damit war die Einflußmöglichkeit projordanischer und rechter palästinensischer Elemente, zur Zeit der PNF sehr begrenzt, wieder größer geworden. Es gab überhaupt in dieser Zeit (Ende der 70er Jahre) eine deutliche Bewegung nach rechts in der ganzen arabischen Welt. Politische und ökonomische Entwicklungen (Oktoberkrieg, vermehrte Öleinnahmen) führten dazu, daß die bestehenden Regimes stabiler wurden und ihr Handlungsspielraum sich erweiterte. Auf Massenarbeit orientierte Bewegungen verloren demgegenüber an Bedeutung. Das hatte auch auf die palästinensische Bewegung seine Auswirkungen – nicht zuletzt in den besetzten Gebieten. Politischer und finanzieller Einfluß von außen wurde geltend gemacht, um die Position der konservativen palästinensischen Kräfte zu stärken. Dagegen machten die nationalen Persönlichkeiten Front, die in der Regel eher nach links tendierten.

Aus der Opposition gegen die Sadat-Initiative und die Verträge von Camp David – anfängliche dadurch geweckte Hoffnungen hatten sehr schnell einer Ernüchterung Platz gemacht, als die israelische Position zur Autonomieregelung klar wurde – ging 1978 das »Nationale Orientierungskomitee« (NGC) hervor. Ihm gehörten die Bürgermeister, Vertreter der nationalen Institutionen und angesehene Persönlichkeiten an. Die damit gebildete Front schloß sogar gelegentlich projordanische Elemente ein – auch Hussein war ja gegen Camp David aufgetreten. Der alte politische Hauptgegensatz – der zwischen palästinensischen Nationalisten und projordanischen Notabeln – wich einer deutlichen Rechts-Links-Polarisierung.

Die Hoffnungen auf eine bald bevorstehende Befreiung, die der Oktoberkrieg und einige ihm folgende Entwicklungen geweckt hatten, wurden erneut enttäuscht. Die israelische Absicht, an den Gebieten festzuhalten, und das Kräfteverhältnis, das es den Palästinensern nicht erlaubte, etwas dagegen zu tun, wurden bekräftigt. Diese lehnten die Besatzung ab, das war inzwischen ganz klar. Sie forderten einen eigenen Staat unter Führung der PLO. Sie waren auch in der Lage, die von Israel beabsichtigte Sanktionierung und Normalisierung der Besatzung durch konsequente Opposition zu verhindern. Sie waren aber nicht stark genug, den eigenen Staat näherzubringen oder der von Israel vorangetriebenen »schleichenden Annexion« etwas entgegenzusetzen.

Seit 1980 wurde das NGC immer mehr lahmgelegt (durch Anschläge auf die Bürgermeister, Stadtarrestbefehle etc.), 1982 wurde es verboten, die meisten Bürgermeister ihrer Ämter enthoben. Seitdem kann man von einer neuen Phase sprechen, in der eine zumindest *äußerliche Stagnation* eingetreten ist. Es sind seit dieser Zeit alle möglichen teilweise spektakulären Ereignisse geschehen, aber sie haben die politischen Fronten in den besetzten Gebieten kaum verschoben. Die Palästinenser sind gegen die Besatzung – das bedarf keiner weiteren Bekräftigung. Daß sie diesen Standpunkt so einheitlich eingenommen haben, daß sie ein Netz von nationalen Institutionen aufgebaut haben und daß keine Gruppe oder Person von einigem Ansehen bereit war, mit den Israelis politisch zusammenzuarbeiten, war zwar unter den gegebenen Umständen schon eine beachtliche Errungenschaft, bedeutete aber noch keine wirkliche Verschiebung der Machtverhältnisse. Demonstrationen und Zusammenstöße waren oft heftig, aber kaum geplant oder organisiert. Die israelischen Versuche, die Bevölkerung von der Identifizierung mit der PLO abzubringen – Libanonkrieg, Einführung der Zivilverwaltung, Dorfligen, die Politik der eisernen Faust in ihrer ersten, zweiten und dritten Auflage – konnten diese zwar deprimieren und in vorübergehende Verzweiflungsstimmung bringen, aber das gewünschte Ziel haben sie nicht erreicht.

Tatsächlich hatte man in den vergangenen Jahren den Eindruck relativer Ruhe in den besetzten Gebieten. Die Studentenbewegung – ein guter Gradmesser der politischen Atmosphäre – beschäftigte sich viel mehr mit sich selbst, mit den Auseinandersetzungen in der PLO und mit den arabischen Regimes als mit der Besatzung. Es gab eine Hiobsbotschaft nach der anderen: die Zerschlagung der PLO-Basis im Libanon, den Auszug der bewaffneten Verbände aus Beirut, die Rebellion in Fatah, das Zerwürfnis mit Syrien und die anschließende Spaltung der PLO. Hinzu kamen eine immer einengendere Besatzungspolitik und die Ansiedlung vieler neuer Siedler in der Westbank. 1985 schien all dies zu einer Verschärfung der Auseinandersetzung zu führen; spontane Gewaltausbrüche mehrten sich. Dem hatte die Regierung nichts als eine neue Auflage der Politik der eisernen Faust entgegenzusetzen (August 1985). Unter diesem Deckel kochte nun der Groll der palästinensischen Bevölkerung weiter, bis er schließlich überkochte ...

Es war dies aber nicht nur eine Phase der Stagnation, sondern auch eine der *Organisation an der Basis.* Die Initiative dazu geht von der Erfahrung aus, daß es sich hier um eine außergewöhnliche Situation handelt: eine sehr lang andauernde und fest eingegrabene Besatzung, der mit politischen Mitteln allein nicht beizukommen ist. Da die Besatzung auf absehbare Zeit andauern wird, und da es eins ihrer Ziele ist, möglichst viele Palästinenser hinauszudrängen, kommt es darauf an, diesem Druck entgegenzuwirken, den Leuten die Möglichkeit des Bleibens zu geben. Das Stichwort dafür heißt Sumud, Standhaftigkeit. Zur Stärkung des Sumud wurden Gelder aus arabischen Ländern hereingeschleust: für Universitäten, Schulen, Stadtverwaltungen, Krankenhäuser, Vereine, Berufsvereinigungen, Genossenschaften, Fabriken, Farmen, zum Bau von Wohnhäusern usw. Das Geld wurde von dem oben genannten gemeinsamen Komitee nach dem Gießkannenprinzip oder gemäß Vitamin B (Beziehungen) bzw. zwecks politischer Beeinflussung vergeben. Das brachte Geld in die Gebiete und half sicher auch einigen Leuten, im Land zu bleiben. Ansonsten waren seine Folgen eher zweischneidig. Vieles von dem Geld floß in ohnehin volle Taschen, stärkte also gewiß nicht den Widerstandswillen der Mehrheit der Bevölkerung. Anderes diente zur Entlastung des Budgets der Militärverwaltung (oder, um ganz präzis zu sein, desjenigen Teils der Militärverwaltung, der sich heute Zivilverwaltung nennt). Alle Investitionen kommen – per Kauf der entsprechenden Güter – sowieso der israelischen Wirtschaft zugute.

Die Kritik an dieser Art von »Sumud« ist weit verbreitet. Jeder zeigt einem heute in der Westbank die protzigen Villen, die mit Geld aus dem »Standhaftigkeitsfonds« gebaut worden sind. Es gibt aber auch Ansätze, dieser statischen Form des Sumud eine Strategie der Basismobilisierung entgegenzusetzen. Viele soziale Dienste sind in den besetzten Gebieten völlig unzureichend oder gar nicht vorhanden. Die Bevölkerung hat im allgemeinen zwar ein scharfes Unrechtsempfinden, aber kaum ein artikuliertes Bewußtsein von ihren eigenen Rechten und von der Notwendigkeit, selber dafür zu kämpfen. Hier setzen nun Menschenrechtsorganisationen, Frauenorganisationen, Komitees für medizinische Hilfe, für landwirtschaftliche Hilfe, Gewerkschaften usw. an. Sie wollen mit ihrer Tätigkeit nicht nur die soziale Lage der breiten Bevölkerung verbessern und damit das Ausharren im Land erleichtern, sondern die Leute auch selbst in den Kampf dafür einbeziehen und so der bisher einseitig politischen auch eine soziale Mobilisierung an die Seite stellen. Fast alle diese Versuche gegen von den bestehenden politischen Organisationen aus, es gibt hier durchaus einige Konkurrenz und »Verdoppelung« von Aktivitäten, und keineswegs alle sind erfolgreich. Es braucht nicht eigens betont zu werden, daß rechte Kräfte sich eher auf die statische Form des Sumud verlassen, während die Linke auf soziale Mobilisierung setzt. Erfolgreiche Projekte sind vor allem einige Frauenkomitees und die Komitees für medizinische Hilfe. Weil sie an realen Erfordernissen anknüpfen, haben sie es geschafft, weit über enge Parteikreise hinaus zu wirken.

Über die ganzen letzten Jahre hat sich ein merkwürdiger Zustand aufgebaut: Stagnation auf der Seite der »offiziellen« Politik – lokal wie international zeigte sich wenig Bewegung in Sachen Palästinaproblem –, Verstärkung des Drucks auf die palästinensische Bevölkerung im Inneren und gelegentliche Entladung dieses Drucks in gewaltsamen Aktionen, die viel stärker als früher spontanen Charakter hatten. Die Unterdrükkung wurde härter, teilweise, um die Forderungen der Siedler zu befriedigen: Die Defence (Emergency) Regulations wurden wieder viel stärker als früher angewandt; die Armee benutzte viel schneller scharfe Munition gegen Demonstranten. Auf allen Seiten wuchs die Befürchtung, das alles werde sich einmal in einer ganz unkontrollierten Eruption von Gewalt entladen.

II. Die Erhebung

Es begann mit einem Verkehrsunfall. Am 8. Dezember 1987 krachte ein israelischer Militärtransporter in eine Reihe von wartenden arabischen Autos. Das war bei der Eretz-Kreuzung, an der »Grünen Linie« zwischen Israel und dem Gazastreifen. Dort werden an einer großen, betongesicherten Straßensperre alle Wagen mit Gaza-Nummernschildern kontrolliert. Zwei Wagen wurden völlig überrollt, sieben Personen schwer verletzt, vier Arbeiter, die auf dem Weg nach Hause waren, getötet. Drei von ihnen waren aus Dschabalia. Dschabalia liegt nördlich von Gaza. Es ist das größte Flüchtlingslager im Gazastreifen: Einwohnerzahl etwa 60 000, entsetzliche Lebensbedingungen, alle in kleinen Häusern auf engstem Raum, keine Kanalisation, die Abwässer fließen durch die ungepflasterten Straßen und sammeln sich in einem stinkenden Teich in der Mitte des Lagers.

Am Tag zuvor war in Gaza ein israelischer Geschäftsmann auf offener Straße erstochen worden. Der Verdacht lag nahe, daß der Verkehrsunfall ein Racheakt war. Unerheblich, ob dies den Tatsachen entsprach: Die Leute von Gaza sahen es so. Die Opfer des Unfalls wurden damit zu Märtyrern, gefallen im Kampf um das Land. Die Beerdigung von dreien der Opfer in derselben Nacht in Dschabalia wurde zu einer Demonstration gegen die Besatzung. 10 000 Leute sollen sich versammelt haben. Die Demonstrationen gingen weiter. Am nächsten Tag wurde ein Demonstrant in Dschabalia erschossen. Sehr schnell breitete sich der Protest aus, vor allem Flüchtlingslager erfassend. Nach wenigen Tagen sprang der Funke auf die Westbank über: Nablus, Balata, Qalandia ...

Angefacht wurde der Protest durch die harte Unterdrückung. Es handelte sich überall nur um Demonstrationen. Wenn die Armee nicht eingegriffen hätte, wäre nichts weiter passiert (so geschah es übrigens in der Universität Birseit mehrmals im Dezember – zum Ärger der Studenten). Aber sie *griff* ein, entschlossen, alle größeren Demonstrationen aufzulösen – durch den Einsatz von Tränengas, Gummigeschossen und sehr häufig auch scharfer Munition. Schon in den ersten Tagen der Unruhen kamen mehrere Palästinenser ums Leben, von den Verletzten nicht zu reden. Weit davon entfernt, die übrige Bevölkerung abzuschrecken, stachelte sie das nur noch mehr an. Jede Beerdigung eines »Märtyrers« wurde zu einer neuen heftigen Demonstration. Es gab regelrechte Schlachten um die Leichen der Opfer: Die Armee versuchte, sie an sich zu bringen und die Familien zu nächtlichen Beerdigungen zu zwingen, um das Aufsehen so gering wie möglich zu halten; die »Schabab« (arabisch: junge Leute) holten sie aus den Krankenhäusern, bevor die Armee sie beschlagnahmen konnte, und beerdigte sie »in allen Ehren«, d. h. mit gebührender öffentlicher Anteilnahme.

Wir greifen uns die Leiche aus dem Krankenhaus – berichtet einer der jungen Leute – begraben sie und machen das zu einer Art spontaner Demonstration. Wir haben den Ärzten auch verboten, den Militärbehörden die Leichen zu geben, und die Ärzte haben das sowieso nicht unter Kontrolle, denn wir haben keine Schwierigkeit, uns die Leichen zu nehmen. Zum Beispiel haben wir in den letzten Tagen vier Leichen genommen und nächtliche Beerdigungen organisiert, die zu Demonstrationen wurden. Dann ist die ganze Gegend auf den Beinen, wie gestern in Khan Junis. Nicht eine einzige Person blieb zu Hause. 35 000 nahmen an dem Begräbnis teil. Während des Begräbnisses verletzten wir sieben Soldaten. (*Journal of Palestine Studies* Nr. 67, S. 93 f.)

Innerhalb weniger Tage waren der ganze Gazastreifen und mehrere Flüchtlingslager in der Westbank in Aufruhr. Im einzelnen war das – Zusammenstöße, »heiße« Beerdigungen, heftige Demonstrationen – nichts Neues, aber so heftig und so massiv an vielen Orten gleichzeitig war es noch nicht aufgetreten. Die Armee kam in Schwierigkeiten, sah in ihrer militärischen Logik keine andere Möglichkeit, mit der Lage fertigzuwerden, als noch härter draufzuschlagen – und verbreitete damit die Unruhen noch weiter. Sie griffen auf Jerusalem über, die 1967 »wiedervereinigte« Stadt, die ständig mit großem Propagandaaufwand als Musterbeispiel des friedlichen Zusammenlebens von Juden und Arabern verkauft wird. In Wirklichkeit konnte von Einheit nie die Rede sein. Es gab intensive geschäftliche Kontakte. Viele Araber gingen morgens zur Arbeit in die Restaurants, Hotels und Baustellen Westjerusalems und kehrten nachmittags zurück – aber das war es auch. Das arabische Ostjerusalem war und ist besetztes Gebiet. Das friedliche Zusammenleben bestand darin, daß Juden und Araber mit Mühe davon abgehalten werden konnten, sich massenhaft an die Gurgel zu gehen.

Nun, auch der Jerusalemmythos platzte wie eine Seifenblase. Am Ende derselben Woche, in der Ariel Scharon eine Wohnung im muslimischen Viertel der Altstadt bezogen hatte, kam es zu schweren Unruhen in der Altstadt. Ein israelisches Restaurant und mehrere Bankfilialen wurden demoliert. Das war am 19. und 20. Dezember. Am 21. Dezember organisierten die Palästinenser in Israel einen Generalstreik, um ihre Solidarität mit ihren Landsleuten in den besetzten Gebieten öffentlich zu zeigen. Er wurde mit seltener Einmütigkeit befolgt.

Bis Weihnachten waren 21 Palästinenser erschossen worden, und vier waren auf andere Weise ums Leben gekommen, vor allem durch das von der Armee benutzte CS-Gas, das in hoher Konzentration zu Fehlgeburten und bei Säuglingen und alten Leuten zum Tod führen kann. Die Weihnachtsfeiern in Bethlehem, normalerweise eine große Touristenattraktion, fanden in reduzierter Form statt, der Bürgermeister der Stadt, Elias Freidsch, sagte seinen traditionellen Weihnachtsempfang ab.

Die israelische Öffentlichkeit war verstört. So etwas war noch nicht vorgekommen. Die besetzten Gebiete, sonst kaum wahrgenommen, machten sich mit einem Mal als Problem bemerkbar, und das massiv. In den Medien gab es Alarmrufe. Die Politiker gaben, wie üblich, verschiedene Analysen und Rezepte. Jitzhak Rabin, der Verteidigungsminister, erklärte zuerst: Alles von außen, von der PLO gesteuert, wir haben die Sache in ein paar Tagen im Griff! Nachdem ein paar Tage harten Durchgreifens nicht halfen, sich »die Sache« wochenlang hinzog und die ganze Bevölkerung erfaßte, bot er eine andere Erklärung an: Der Ausbruch war spontan, er hatte tieferliegende Ursachen, und es kann eine ganze Weile dauern, bis wir damit fertigwerden.

Nicht nur in Israel, in der ganzen Welt fragte man sich: Ist das ein spontaner Ausbruch? War er geplant? Wer leitet ihn? Die PLO? Islamische Kräfte? Niemand? Was sind die Ursachen? Und worauf will es hinaus? Rabin war im zweiten Anlauf zu dem Schluß gekommen, daß es sich um einen spontanen Ausbruch handelte, in seinen eigenen Worten um einen Ausdruck »einiger Verzweiflung und Frustration«. Die meisten Beobachter kommen zu demselben Ergebnis. Der Ausbruch in Dschabalia und das Überspringen des Funkens auf andere Teile des Landes waren sicherlich spontan. Niemand hat vorher Zeit und Ort der Erhebung geplant. Solch eine Eruption läßt sich nicht planen und »auslösen«. Dann hätte wohl auch der Geheimdienst etwas gemerkt, denn er hatte seine Informanten überall.

Also: Spontaneität ja. Aber: Gerade für einen spontanen Ausbruch dieser Art müssen die Bedingungen da sein. So etwas kommt nicht aus dem Nichts. Massen bewegen sich nicht ohne Grund. Was war hier der Grund? Um es auf eine knappe Formel zu bringen: die akkumulierte Erfahrung von 20 Jahren Besatzung und der ganzen Entrechtung, Enteignung und Einzwängung, die damit verbunden war, und gleichzeitig die akkumulierte Erfahrung von 20 Jahren Kampf gegen die Besatzung, keineswegs kontinuierlich, meist nur von Minderheiten unternommen, oft erfolglos, aber doch nie ganz aufgegeben. Wenn dieser Kampf auch sonst wenig erreicht haben mag: Er hat auf jeden Fall verhindert, daß die Besatzung sich als Normalität etablieren konnte, er hat das Bewußtsein, ihr frontal gegenüberzustehen, aufrechterhalten und verschärft. Gerade im Gazastreifen war die Spannung über das ganze Jahr 1987 hinweg noch erhöht worden; es hatte viele gewaltsame Zusammenstöße gegeben.

Oft werden noch andere Gründe dafür genannt, daß die Erhebung gerade zu dieser Zeit kam: der Reagan-Gorbatschow-Gipfel, der den Palästinakonflikt nicht behandelte, die arabische Gipfelkonferenz in Amman, die sich vor allem mit dem Golfkrieg befaßte und die Probleme der Palästinenser ebenfalls beiseiteschob, und die palästinensische Kommandoaktion mit dem Drachenflieger in Nordisrael, die die Verwundbarkeit der israelischen Armee zeigte. Diese Ereignisse haben bestimmt eine gewisse Rolle gespielt, sie haben die Atmosphäre für den Ausbruch vorbereitet. Sein eigentlicher Grund waren sie nicht. Hauptbestandteile des explosiven Gemischs, das in den Tagen nach dem 8. Dezember hochging, sind ein scharfes Gefühl von Entrechtung bei der Masse der Bevölkerung, das Bewußtsein, nichts zu verlieren zu haben, und der Wille, sich nicht darein zu ergeben – besonders ausgeprägt bei der Jugend.

Alles das war schon vorher da, alles das hatte vorher schon zu ähnlichen Ausbrüchen geführt, allerdings – örtlich und zeitlich begrenzt. Diesmal erfaßte der Aufruhr mit derartiger Geschwindigkeit so viele Orte, daß die kritische Masse überschritten wurde. Das Phänomen war nicht mehr auf die alte Weise einzudämmen. Gerade in ihrer brutalen Überreaktion, die aus Nervosität resultierte, zeigte nun die Armee ihre Schwäche – und von da ab gab es kein Halten mehr.

So spontan der Ausbruch und die Ausbreitung der Unruhen gewesen waren – ihre Fortsetzung war es nicht mehr. Politische Gruppen waren schon an der Organisierung der Demonstrationen im lokalen Rahmen beteiligt gewesen, wenn sie auch nicht das Startsignal gegeben hatten. Spätestens seit Ende Dezember versuchten sie nun auch, der Erhebung ein organisatorisches Rückgrat zu geben, sie systematisch auszuweiten und ihre politischen Inhalte zu beeinflussen.

Die politisch organisierten Kräfte in den besetzten Gebieten sind kleine Minderheiten. Sie können sich nicht frei äußern, fast alle ihre Aktivitäten sind illegal. Sie hatten auch in den vergangenen Jahren, einer Phase der politischen Stagnation, keine zündenden Parolen zur Mobilisierung der Bevölkerung mehr vorbringen können. Und sie waren uneinig. Die Koordination, die es in den 70er Jahren mit der PNF und dem NGC gegeben hatte, war längst einer Konkurrenz gewichen, die Absprachen nur von Fall zu Fall und zwischen bestimmten Gruppen zuließ. All diese Kräfte aber haben eine erhebliche politische Erfahrung und die Fähigkeit zur Mobilisierung, wenn die Atmosphäre dafür günstig ist. Dazu trägt bei, daß zumindest einige dieser Gruppen sich sehr um den Aufbau von Basisorganisationen im sozialen Bereich bemüht haben und auch über diese Kanäle breitere Schichten beeinflussen können. Das alles wurde jetzt, als die Massen in Bewegung gekommen waren, ausgenutzt, um die Protestbewegung auszuweiten und ihr politischen Inhalt und langen Atem zu geben.

In der Vergangenheit war es Israel immer gelungen, palästinensische Proteste, so heftig sie auch waren, zu isolieren und mit überlegener Macht zum Schweigen zu bringen. Die Armee hatte in aller Regel selbst die Anlässe und Provokationen für Auseinandersetzungen geliefert, dadurch die Kampfbedingungen bestimmen, sich vorbereiten und die Kämpfe leicht zu ihren

Gunsten entscheiden können. Mit dem im Einzelfall immer ganz ungleichen Kräfteverhältnis war die Bevölkerung in Angst und Schrecken gehalten worden. Das hatte sich nun geändert. Durch die schiere Masse der gleichzeitig in Bewegung geratenen Bevölkerung war es kaum mehr möglich, in jedem Einzelfall ein für die Armee so günstiges Kräfteverhältnis herzustellen. Armee-Einheiten wurden öfter in arge Bedrängnis gebracht, Soldaten entwaffnet usw. Das brach den Bann der Furcht und zerstörte den Nimbus der Überlegenheit, der die israelische Armee bis dahin umgeben hatte. Einmal von diesem Komplex befreit, trauten sich viele Palästinenser erstmals, selbst initiativ zu werden, organisiert zu arbeiten. Und nachdem die Erhebung immer stärker von politischen Kräften organisiert wurde, ging die Initiative tendenziell auf die palästinensische Seite über. Es war nun nicht mehr die Armee, die durch ihr provozierendes Erscheinen an einem Ort Auseinandersetzungen auslöste, sondern umgekehrt die jungen Palästinenser, die genau wußten: Wenn wir hier ein paar Steine werfen oder die palästinensische Flagge hissen, kommen die Soldaten automatisch – und so konnten sie regelrechte Fallen vorbereiten, Armee-Einheiten zu bestimmten Punkten dirigieren, usw. Und so jagt nun die israelische Armee seit neun Monaten mit hängender Zunge hinter jedem öffentlichen Ausdruck von palästinensischem Nationalismus her, um den Funken auszutreten.

Die Kampfformen der Intifada

Sehr bald schon wurde für die Unruhen der arabische Ausdruck Intifada – Erhebung – gebraucht. Diese Erhebung hatte von Anfang an einige erstaunliche Eigenheiten. Sie nahm nicht den Charakter unkontrollierter Gewaltanwendung an, den viele befürchtet hatten. Vielmehr war sie in diesem Punkt – wie in vielen anderen – überraschend diszipliniert. Gewaltsame Auseinandersetzungen mit der Armee und mit Siedlern waren überhaupt nur *ein* Aspekt der Intifada, und Gewalt wurde ganz gezielt und begrenzt eingesetzt. Das entspricht dem Charakter der Erhebung, die kein bewaffneter Aufstand zur Stellung der Machtfrage ist und das auch ganz genau weiß. Es geht ihr eher um eine ebenso klare wie massive *Demonstration.* Es soll gezeigt werden, daß die Palästinenser die Besatzung ablehnen und in der und für die palästinensische Gesellschaft nicht die israelische Autorität, sondern nur die der eigenen nationalen Kräfte anerkennen. Daher stehen demonstrative Mittel im Vordergrund. Palästinensische Fahnen werden weithin sichtbar aufgehängt, auf Minaretten, auf Kirchtürmen, an Elektromasten usw. Palästinensische Parolen werden gerufen, nationalistische Lieder gesungen. Beliebte Parolen sind z. B. »PLO – Israel no!« (auf Englisch), »Mit der Seele, mit dem Blut opfern wir uns für dich, Palästina« oder ». . . für dich, Märtyrer« (wenn jemand gefallen ist). Demonstrations- und Signalzweck hat auch das Verbrennen von Autoreifen, die vorher mit Petroleum getränkt wurden (starke Rauchentwicklung) und die Sperrung von Straßen mit Steinbarrikaden. Dies dient allerdings auch dem Schutz, weil es Armeefahrzeuge eine Zeitlang aufhält.

Das Aufziehen palästinensischer Fahnen ist für die Armee ein rotes Tuch. Wo immer solche Fahnen an prominenter Stelle aufgehängt werden, versuchen die Soldaten sie zu entfernen. Das wissen die Jugendlichen. Sie machen sich oft geradezu einen Spaß daraus, die Soldaten damit zu provozieren.

In Gaza etwa banden arabische Jugendliche eine PLO-Fahne an den Kopf eines Esels, an seinen Schwanz aber die blau-weiße Fahne Israels. Unter dem Gelächter der Passanten wurde das Tier durch die Straßen gejagt, erbitterte israelische Soldaten setzten ihm in voller Feldausrüstung nach und schossen es schließlich nieder. (*Der Spiegel* 15/88)

Nicht immer geht es so amüsant zu. Die Soldaten zwingen palästinensische Jugendliche oft, Flaggen von hochgelegenen Stellen herunterzuholen. Im Flüchtlingslager Askar bei Nablus kam am 3. April 1988 ein 18jähriger durch elektrischen Strom um, als die Armee ihn zwang, eine Flagge von einer Leitung zu entfernen.

Eine der erbittertsten Auseinandersetzungen drehte sich um die Öffnungszeiten der Läden. Schon früher waren Geschäftsstreiks, also die kollektive Schließung der Läden, Restaurants etc. für einen oder mehrere Tage ein beliebtes Mittel des Protests. Das konnte Israel eigentlich gleichgültig sein, denn es spielte sich gänzlich innerhalb des palästinensischen Sektors ab. Aber es wurde schon immer streng geahndet – offenbar war den Behörden jede kollektive Willensäußerung von Palästinensern ein Dorn im Auge. Streikende Läden wurden aufgebrochen oder ganz zugeschweißt, streikende Ladeninhaber mit Geldstrafen »zur Ordnung gerufen«. Nationalistische Jugendliche, umgekehrt, gingen durch die Straßen und hielten streikbrechende Ladenbesitzer mit der Drohung von Steinwürfen zum Schließen der Geschäfte an – nicht immer waren die Geschäftsleute von Streikaufrufen begeistert. Das wurde nun in der Intifada zu einer regelrechten Schlacht. Die nationale Führung rief zu Tagen des totalen Streiks auf; an den übrigen Tagen sollten die Geschäfte nur zu bestimmten Stunden geöffnet werden. In bis dahin kaum gekannter Geschlossenheit und Freiwilligkeit folgten die Händler diesen Direktiven. Die Besatzungsbehörden hatten es mit einer bemerkenswert groben, ungeschickten und willkürlichen Politik fertiggebracht, auch diese eigentlich wenig nationalistische Schicht gegen sich aufzubringen.

Diesen Streik – oder besser, diese von der Führung der Intifada festgelegten Geschäftsöffnungszeiten – wollte nun das Militär unbedingt brechen. Mit den bekannten Mitteln, aber diesmal viel massiver und brutaler, ging es gegen streikende Ladenbesitzer vor. Läden wurden aufgebrochen, zugeschweißt, verwüstet, die Besitzer in ihnen eingeschlossen, manchmal noch Tränengasgranaten hinterhergeschossen. Der Armee-Einheit, die die Geschäftsleute zum Öffnen zwang, folgte in kurzem Abstand ein Trupp junger Leute, der auf erneutes Schließen drang, usw. Und das alles, ohne daß sonst Publikum da war, denn zu Zeiten von Streiks ist wenig los auf den Straßen.

In Ramallah zog sich dieses Gerangel über zwei Monate hin. Viel materieller Schaden wurde vermieden, indem sich Schmiede zusammentaten und die aufgebrochenen bzw. zugeschweißten Schlösser und Türen kostenlos reparierten.

Jeden Abend gingen Metallarbeiter durch die Straßen, reparierten die aufgebrochenen Türen und brachten neue Schlösser an. Jeden Morgen kehrte die Armee zurück und brach die Türen wieder auf.

In den Augen der Leute sah die Armee ganz schön albern aus: Sie konnte den Protest nicht beenden, ihre Handlungen unterstrichen ihn bloß. (*Facts* 9)

Zunächst blieben die Händler noch in ihren Läden, um je nach Bedarf öffnen, schließen oder sonstwie reagieren zu können. Dann, auf Verabredung, schlossen sie die Läden und blieben auch nicht mehr darin. Die Armee kam, brach die Läden auf, zog weiter, und es war niemand mehr da. Die schweren Eisentüren der verlassenen Geschäfte klapperten im Wind – ganz ohne Publikum. Auch Diebstähle fanden nicht statt, darüber wachten die jungen Leute. Das geschah ein paarmal, dann wurde die Szenerie so absurd, daß die Armee es weitgehend aufgab, die Öffnungszeiten zu bestimmen. Heute halten sich die Händler an die von der nationalen Führung festgesetzten Zeiten – einheitlich 9 bis 12 Uhr für alle besetzten Gebiete. Damit war klargemacht, daß die Armee zwar mit brutaler Gewalt etwas erzwingen kann, wo sie physisch anwesend ist, daß damit aber ihre Macht auch schon endet.

Es geht den Palästinensern in der ganzen Intifada darum, ihre Ablehnung der Besatzung, ihre Zustimmung zur eigenen nationalen Führung und ihren Zusammenhalt zu demonstrieren. Das zeigt sich auch in der gewaltsamen Auseinandersetzung mit der Armee und mit Siedlern. Man verwendet Kampfformen, die den demonstrativen Charakter herausstreichen: Steinbarrikaden, brennende Autoreifen, Steinwürfe, Molotowcocktails – Steinwürfe meist bei größeren Demonstrationen, Molotowcocktails bei Einzelattacken. Natürlich sind weder Steinwürfe noch Molotowcocktails gewalt*lose* Widerstandsformen, wie manchmal behauptet wird. Aber sie sind doch im Verhältnis zu den Mitteln und zu der Brutalität der Armee sehr begrenzte Formen der Gewalt.

Die Intifada verzichtet bewußt auf Waffen, die von vornherein tödlich sind, wie Feuerwaffen. Auch Angriffe mit Messern und Dolchen auf Israelis, vorher ziemlich häufig, sind seltener geworden. Die Demonstranten wollen ihren politischen Willen ganz deutlich kundtun – sie wollen nicht töten. Sie töten auch nicht, selbst wenn sie es könnten:

Die Soldaten, die bei einem ihrer Angriffe sehr nah an das Krankenhaus herangekommen waren, wurden zwischen den brennenden Reifen eingeschlossen, und Hunderte von Demonstranten begannen sich um sie zu scharen. Die Soldaten versuchten zu fliehen, aber die Demonstranten schafften es, einen von ihnen zu fangen. Alle seine Kameraden rannten weg.

Der Gefangene wurde ausgezogen. Seine Jacke, sein Tornister und seine ganze Ausrüstung wurden weggenommen. Niemand rührte ihn an, und er wurde laufen gelassen, nur mit einer zerrissenen Hose bekleidet. Wenn sie gewollt hätten, hätten sie ihn töten können. Sie öffneten den Tornister, durchsuchten ihn und fragten, wo die Granaten wären. Einige von ihnen fingen an zu tanzen, in der einen Hand das Gewehrmagazin, mit der anderen das V-Zeichen machend. Sie warfen Jacke und Hemd des Soldaten auf den Boden und drängten sich, darauf herumzutrampeln. Ich fragte sie: Worüber seid ihr so glücklich? und sie antworteten: Das ist die größte Demütigung für die Besatzung. (*Journal of Palestine Studies* Nr. 67, S. 97)

Das berichtet M. K. Makhul von einem Vorfall in Gaza am 15. Dezember 1987. Kurz vor diesem Zwischenfall hatte nach seinem Bericht ein Soldat am selben Ort einen wehrlosen Demonstranten kaltblütig erschossen. Da muß es großer Selbstbeherrschung bedurft haben, den Soldaten laufen zu lassen, ohne ihm ein Haar zu krümmen.

Zugegeben: Auch Steine und Molotowcocktails können verletzen und töten. Es ist auch nicht völlig klar, was die Motive für die Zurückhaltung der Palästinenser sind. Respekt vor dem menschlichen Leben? Politischer Pragmatismus, d. h. das Bewußtsein davon, wie sehr blutige Gewalt dem öffentlichen Bild der Intifada schaden könnte? Angst vor allzu massiven Repressalien? Der Kontrast zu den israelischen Unterdrückungsversuchen, die von weniger Hemmungen eingeengt scheinen, ist jedenfalls bemerkenswert: drei israelische Todesopfer im Zusammenhang mit der Intifada, 300 palästinensische – nicht zu reden von all dem übrigen, was den Palästinensern angetan wurde. Daran muß man den Realitätsgehalt folgender Äußerung des israelischen Ministerpräsidenten Jitzhak Schamir messen: »Es ist keine Frage, daß jeder Jude, jung oder alt, Mann oder Frau, instinktiv ihren (der Palästinenser) Blutdurst und ihre Mordlust weckt« (*Jerusalem Post International Edition* No. 1 432).

Unterdrückungsversuche

Wie sehr sich auch die Analysen führender israelischer Politiker über die Gründe der Proteste und die Methoden zu ihrer Eindämmung unterschieden, in einem waren sie sich einig: Bevor irgend etwas anderes geschieht, müssen die Unruhen gestoppt werden. Ein Minister von der Arbeiterpartei drückte das so aus, wobei er sich auf die »Schabab« bezog: »Bevor wir irgend etwas entscheiden, müssen wir dieses unverschämte Lächeln von ihren Lippen wischen« (*Le Monde Diplomatique*, Mai 1988).

An dieser Aufgabe arbeiten sich Rabin und seine Armee bis heute ab, und zwar mit den verschiedensten Methoden. Am wichtigsten ist ihnen, erst einmal die sichtbare Seite der Erhebung zu beenden: militante Demonstrationen, palästinensische Fahnen, Barrikaden, Steinwürfe, brennende Reifen. Nach dem erklärten Willen und den Aktionsformen der Palästinenser ist klar, daß sie nicht Israel selbst attackieren, sondern seine Herrschaft in den besetzten Gebieten loswerden wollen. Die laute und öffentliche Äußerung dieses Willens ist aber für das Verteidigungsestablishment schon illegal und muß unterdrückt werden. Sobald irgendwo ein Ausdruck dieses Willens (eine Flagge, eine Demonstration ...) auftaucht, sausen Armee-Einheiten heran und bemühen sich, das Ärgernis wegzuschaffen.

Zu Anfang wurde unverhältnismäßig schnell scharf geschossen – wie gesagt: 21 Tote durch Schußverletzungen in den ersten 14 Tagen. Das stieß auf so heftige internationale Kritik, daß Rabin sich zu einer Änderung der Methoden genötigt sah. Der Gebrauch von scharfer Munition wurde eingeschränkt, dafür mehr Gummigeschosse und Tränengas (CS-Reizgas, das in hoher Konzentration lebensgefährlich ist und deshalb nur im Freien benutzt werden soll, hier aber oft auch in geschlossene Räume geschossen wird) eingesetzt. Bald darauf ging man, in Rabins eigenen Worten, zu einer Politik von »Gewalt, Kraft und Prügeln« über – massenhaftes und systematisches Verprügeln von Demonstranten, um sie einzuschüchtern und ihnen ganz bestimmte Verletzungen beizubringen. Ein Militär erklärte das so:

Ein Festgenommener, den man ins Gefängnis steckt, wird nach 18 Tagen entlassen, wenn die Behörden nicht genug belastendes Material haben, ihn anzuklagen. Er kann dann wieder anfangen, Soldaten mit Steinen zu bewerfen. Aber wenn die Soldaten seine Hand brechen, wird er eineinhalb Monate lang keine Steine schmeißen können. (*Guardian Weekly* 5/138)

Als auch diese Methode in das Feuer der internationalen (und israelischen) Kritik geriet, verteidigte sich Rabin damit, Leute zu verprügeln sei besser als sie zu erschießen. Überdies behauptete er, nur Gewalttäter würden verprügelt, und auch dies nur im Nachsetzen. Sobald man sie gefaßt habe, müßten die Schläge aufhören. Zeugenaussagen, medizinische Befunde und die große Zahl der Verletzungen widerlegten diese Behauptung.

Wir schätzen, daß bisher mindestens 2500 bis 3500 Menschen durch Schläge auf die Rückenmuskeln, Arme und Beine ernsthaft verletzt wurden. ...

Wir haben uns die Röntgenbilder genau angeschaut. Zunächst einmal sahen wir immer wieder gebrochene Hände. Dabei waren die sogenannten Mittelhandknochen gebrochen worden. Normalerweise kann man diese Knochen nur brechen, wenn man die Hand nach vorne zieht und dann mit einem Knüppel oder einem Gewehrkolben draufschlägt. ... Auffällig ist das Fehlen von Unterleibsverletzungen, Milz- und Leberrissen etwa, so, als gäbe es die sorgfältige Anweisung, »nicht in den Unterleib« zu schlagen oder in Westjordanien »nicht auf den Kopf«. In Gaza hingegen sahen wir eine Menge Kopfverletzungen. ... Die Gewalt wurde kontrolliert und vorsätzlich angewendet. (*Der Spiegel* 9/88)

Zu diesem Ergebnis kam eine Untersuchungskommission amerikanischer Mediziner. Aber nicht nur Demonstranten wurden auf diese Weise behandelt. Summarische Abschreckungsaktionen trafen auch viele Unbeteiligte:

Vom Block zwei in Dschabalia wurden alle Männer von 14 bis 60 Jahren von den Militärbehörden vorgeladen und systematisch, ohne Ausnahme, geschlagen. Viele brauchten medizinische Behandlung und wurden entweder in die lokale Krankenstation oder in die Krankenhäuser in Gaza gebracht. Dieser letzte Fall kalkulierter Brutalität soll anscheinend die Razzien »von Haus zu Haus« ersetzen, möglicherweise im Interesse der »Effizienz«. Die gewünschte Wirkung bleibt natürlich dieselbe: Leute in Gefügigkeit hineinzuterrorisieren. (*Press Release*, 8. 2. 88)

Zu dergleichen Pazifizierungsaktionen und zur Unterdrückung der nun beinahe flächendeckenden Unruhen mußte die Armee ihre Präsenz in den besetzten Gebieten drastisch erhöhen. Zum ersten Mal kostete Israel nun die Besatzung wirklich etwas. Rabin bagatellisierte zwar die Kosten in einem *Spiegel*-Gespräch (12/88): »Was braucht man hier? Schlagstöcke und mehr Soldaten, das ist alles«, aber es kam zumindest kurzfristig zu Engpässen. Um eine Bestellung von 10000 Schlagstöcken für die Armee schnell liefern zu können, wollte ein Tischlereiunternehmer in Tel Aviv Tagelöhner aus Gaza einstellen, aber sie weigerten sich: »Wir sind doch nicht blöd. Warum sollten wir Knüppel herstellen, die gebraucht werden, unsere Brüder zu schlagen?« (*Guardian Weekly* 5/138).

Als das ganz Ausmaß der Prügelei langsam bekannt wurde und einige Fälle im Fernsehen zu betrachten waren, wurde die israelische und internationale Kritik an diesem Vorgehen lauter. Die Armeeführung beeilte sich, die Existenz von Prügelbefehlen zu leugnen, und schob die bekanntgewordenen Fälle auf den Übereifer einiger Soldaten, die Befehle mißverstanden oder mißachtet hätten. Nach Ansicht von Abba Eban, einem »alten Hasen« der Arbeiterpartei mit viel Erfahrung in Öffentlichkeitsarbeit, war die Prügelpolitik und ihr lautes Hinausposaunen nicht nur in sich verurteilenswert, sondern hatte noch einen weiteren Nachteil:

Das Verprügeln von Unruhestiftern als Ersatz dafür zu empfehlen, daß man auf sie schießt, ist gefährlich. Das heißt doch, daß es von Anfang an nicht nötig war, scharfe Munition zu benutzen und Leute zu töten. (*Jerusalem Post International Edition* No. 1421)

Trotz all der Kritik ging die Knüppelei weiter, wenn auch nicht immer in demselben Maß. Auch scharfe Munition und CS-Gas wurden weiter benutzt. Von den 247 Todesfällen, die bis zum 26. Juni 1988 auf das Konto der Armee gingen, waren 175 Folge von Schußverletzungen, 17 von Prügeln oder elektrischem Strom und 55 von Tränengas.

Ein anderer Disziplinierungsversuch waren umfangreiche Ausgangssperren, über ganze Flüchtlingslager, Dörfer und Städte oft für lange Zeit verhängt. Dadurch wird nicht nur die Versorgung schwierig, sondern die Soldaten können auch die Leute noch unkontrollierter schikanieren, als sie es ohnehin schon tun. Hier einige Vorkommnisse während der 20tägigen Ausgangssperre über das Lager Dschalason bei Ramallah:

Die Armee stürmte das Lager am 5. März und verhängte eine Ausgangssperre. Soldaten durchsuchten alle Häuser, erschreckten Kinder, brachen Türen ein und zerstörten Möbel und Fernsehapparate.

Eine Frau behauptete, daß sie bei der Durchsuchung ihr goldenes Halsband stahlen; eine andere, daß sie Geld wegnahmen. Leute berichteten auch, daß die Soldaten die Wasservorräte vergifteten, indem sie Tränengasgranaten in die Behälter feuerten.

Etwa 70 Jugendliche und Männer wurden festgenommen und in der Lagerschule zusammengetrieben, die requiriert worden war. Verhöre und Foltern dauerten den ganzen Tag.

So wurden z. B. Nasser Saad al-Qatami die Augen verbunden, die Hände gefesselt, und er wurde hinten an einen Jeep gebunden. Der Jeep fuhr herum, beschleunigte und hielt dann plötzlich an, so daß Nassers Kopf gegen den Aufbau des Jeeps krachte.

Am Abend gaben die Soldaten per Lautsprecher eine Bekanntmachung im Namen der Zivilverwaltung durch, des Inhalts, daß sie die Leute des Lagers vor einer unverantwortlichen Minderheit schützten. (*Facts* 3)

Wie in der Vergangenheit, so gebrauchte das Militär auch bei der Bekämpfung der Intifada undifferenzierten Druck, Schikane, Willkür, Quälerei und Brutalität viel stärker als gezielte Maßnahmen, etwa das Herausfinden einzelner Anführer. Und das mag in einem gewissen Sinn hier auch zum ersten Mal berechtigt gewesen sein: Früher hatte nur eine Minderheit sich politisch betätigt. Inzwischen war aber durch die unterschiedslose Unterdrückung praktisch die ganze Bevölkerung in die Solidarität mit dieser Minderheit hineingedrängt worden, so daß es immer schwerer wurde, jemanden zu isolieren oder gezielt herauszugreifen. Die Minderheit hörte auf, eine zu sein.

Es war dann wieder nur konsequent, Unterdrückungsmaßnahmen nicht gezielt einzusetzen, sondern breit zu streuen. Man schätzt, daß im Zusammenhang mit der Intifada allein bis zum 1. Mai 1988 17 000 Festnahmen erfolgt sind. Genaue Zahlen sind nicht zu bekommen; die Schätzungen beruhen auf der Kapazität der Gefängnisse und Internierungslager und auf der Verweildauer der Insassen. Im Mai 1988 saßen etwa 5 500 Häftlinge »neu« ein, d. h. zusätzlich zu den im Dezember 1987 schon in Haft befindlichen. Die bestehenden Gefängnisse und Internierungslager reichten nicht mehr aus; es wurden in aller Eile neue errichtet. Die meisten Festgenommenen werden nach weniger als 18 Tagen ohne Anklageerhebung entlassen. Der Rest ist aber immer noch so zahlreich, daß keine ordentlichen Verfahren durchgeführt werden können, jedenfalls nicht mit den vorhandenen Kapazitäten. Sie werden massenweise in Schnellverfahren abgeurteilt, ohne daß irgendeine Untersuchung vorangegangen wäre. In aller Regel genügt dem Gericht die Aussage des festnehmenden Soldaten für das Urteil.

Schon im Juni 1988 waren 2 500 Personen im Zusammenhang mit der Intifada unter Administrativhaft gestellt, d. h. ohne Gerichtsbeschluß inhaftiert worden. Am 20. März waren die Bestimmungen hierüber geändert worden. Nun kann nicht mehr nur der Militärbefehlshaber einer Region, sondern jeder Militärbefehlshaber einen entsprechenden Befehl ausstellen. Auch andere Administrativmaßnahmen wie Abschiebungen, Häuserzerstörungen, Stadtarreste usw. werden verstärkt angewandt.

Israel verfügt über ein weitgefächertes Arsenal von Unterdrückungsmaßnahmen, von denen es auch ohne Zögern und massenhaft Gebrauch macht. All das hat aber bis heute (September 1988) die Intifada nicht stoppen oder auch nur ernsthaft bremsen können. Hinter der Unterdrückung steht die alte Vorstellung, die Araber verstünden nur die Sprache der Gewalt. Sie stellte sich hier einmal mehr als irrig heraus. Letzten Endes verstärkte und verallgemeinerte die Brutalität nur den Groll der palästinensischen Bevölkerung und damit einen der Beweggründe der Erhebung.

Die erbarmungswürdige Unfähigkeit des israelischen Staates, die Erhebung zu brechen, ist durch seine gewalttätige und sterile Reaktion ebenso demonstriert worden wie durch die Verwirrung und Schnelligkeit, mit denen er seine Taktiken bei dieser Reaktion gewechselt hat. Sie haben den anfänglichen Gebrauch scharfer Munition gegen unbewaffnete Demonstranten aufgegeben, nachdem anständige Leute in der ganzen Welt, die über kaltblütigen Mord an Zivilisten entsetzt waren, ihren Abscheu und ihre Verdammung ausgesprochen haben. Die Militärbehörden nahmen dann ihre Zuflucht zum Gebrauch von Tränengas in großen Mengen, Gummigeschossen und Prügeln. Diese letzte Taktik wurde während der Verhängung von massenhaften Ausgangssperren weitergetrieben. Israelische Soldaten überfielen systematisch Wohnhäuser, zerstörten Eigentum und schlugen erbarmungslos jeden, den sie drinnen fanden. Bei nur einem solchen Überfall brauchten 59 Leute aus Dschabalia medizinische Behandlung von Verletzungen, die man ihnen mit Schlagstöcken und Gewehrkolben beigebracht hatte. Unter den Verletzten waren Kinder, schwangere Frauen, Kranke und Alte. Herr Schamir verkündete das als eine Methode, geeignet, den »Respekt« vor der Armee in den besetzten Gebieten wiederherzustellen. Aber sogar diese bösartige Welle von unterschiedsloser Gewalt und mutwilliger Zerstörung hat ihr Ziel nicht erreicht. Weit entfernt davon, die Bevölkerung in Unterwerfung hineinzuterrorisieren, hat sie ihre Entschlossenheit gestärkt und ist mit dem Aufruf zum Zurückschlagen beantwortet worden. Als Folge davon haben wir neulich erlebt, daß man zum Gebrauch von scharfer Munition zurückkehrte, weil die Militärbehörden ihre bankrotte und selbstzerstörerische Unterdrückungskampagne verstärken wollten. (*Press Release*, 6./7. 2. 88)

Einige Aspekte der Intifada schienen den Medien äußerst nachrichtenträchtig. Zusätzlich zu den ohnehin in Israel stationierten wurden weitere Journalisten ins Land geschickt, um sie «abzudecken«. Über spektakuläre Ereignisse (gewaltsame Demonstrationen, besonders brutales Vorgehen der Armee, soweit es bekannt wurde, usw.) wurde sehr ausführlich berichtet, mit den bekannten mißlichen Folgen für Israels Image. Darüber war das »offizielle« Israel höchst verärgert. Es übte sich in lautstarken Beschimpfungen der Presse und des Fernsehens. Aber wichtiger noch: Man versuchte auf alle mögliche Weise Journalisten vom Ort heftiger Auseinandersetzungen fernzuhalten und ihnen die Informationsquellen zu verstopfen. Die meisten Offiziere, die Einsätze in den besetzten Gebieten kommandieren, haben heute ein Papier in der Tasche, das sie bei Bedarf nur den Journalisten unter die Nase zu halten brauchen, um einen Ort zum »geschlossenen militärischen Gebiet« zu erklären, das niemand betreten darf. Als Alternative und Ergänzung zu den äußerst dürftigen (und oft falschen) Informationen der Pressesprecher der Armee zapften ausländische Journalisten gern palästinensische Kollegen an. Es gab auch eine Art palästinensisches Gegenstück zum Pressebüro der Regierung, den *Palestine Press Service.* Er wurde geschlossen. Unter den palästinensischen Journalisten ist die Zahl der unter Administrativhaft gestellten ungewöhnlich hoch. Bei bestimmten Gelegenheiten (z. B. am »Tag des Bodens«) wurden die besetzten Gebiete auch ganz für Journalisten geschlossen. Nun lassen sich in einem Land wie Israel, das eine sehr mutige und kritiklustige Presse hat, Informationen nicht völlig unterdrücken. Jeder Versuch, das auf rigorose Weise durchzusetzen (etwa, wie oft vorgeschlagen, durch Sperrung der Gebiete für Fernsehteams), müßte nach hinten losgehen. Aber ernsthafte Behinderungen der Berichterstattung finden zweifellos statt.

Exzesse oder Routine?

Eine der oft beklagten Begleiterscheinungen der Intifada ist die Brutalisierung der israelischen Soldaten, die zu ihrer Unterdrückung eingesetzt sind und dort Dinge tun müssen, auf die sie weder psychologisch noch durch ihre Ausbildung vorbereitet sind. Wir haben alle im Fernsehen die Szene gesehen, bei der vier israelische Soldaten mit Felsbrocken auf zwei wehrlose Palästinenser einprügelten. Wir haben auch gesehen, wie General Amram Mitzna, Militärbefehlshaber der Westbank, vor den Fernsehkameras seine Fassungslosigkeit über den Vorfall zu Protokoll gab. Wir haben gehört, daß vier Palästinenser von israelischen Soldaten lebendig begraben und von Landsleuten halbtot wieder ausgegraben wurden. Wir haben von manchen ähnlichen Vorgängen gehört.

Wir haben davon gehört, weil Fälle mit dem Touch des besonders Brutalen den Medien auch besonders nachrichtenträchtig vorkommen, sie sich also auf so etwas stürzen. Es folgt große internationale Aufmerksamkeit, ein »Aufschrei des Weltgewissens«, öffentlich zur Schau gestellte Zerknirschung der Verantwortlichen und das Versprechen, daß die Täter zur Rechenschaft gezogen werden.

Gewiß ist es gut, daß Brutalitäten und Exzesse soweit wie möglich bekanntgemacht werden. Daß man von ihnen weiß, gibt einem erst die Möglichkeit, sie weithin zu verurteilen und so ein Klima zu schaffen, das vielleicht für die Einstellung oder Eindämmung solcher Praktiken sorgt. Wenn sich Presse und Fernsehen aber auf diese Fälle konzentrieren, entsteht der Eindruck, daß Brutalitäten hier nur Einzelfälle sind, geboren aus extremem Sadismus. Nichts könnte falscher sein.

Sehen wir uns die bekannten Tatsachen an: Die oben erwähnte Untersuchungskommission amerikanischer Mediziner, die Anfang Februar das Land besuchte, kam zu einer Zahl von wenigstens 2500 bis 3500 schweren Verletzungen an Armen, Beinen und Rückenmuskeln, in Gaza auch am Kopf. Nach anderen Quellen ist das eine extrem vorsichtige Schätzung. Diese Art von Verletzungen wird nicht in Selbstverteidigung beigebracht, und auch nicht beim Auseinandertreiben einer Demonstration, sondern dann, wenn die betreffenden Personen bereits in der Gewalt der Armee sind. Zahlreiche Zeugenaussagen von Palästinensern belegen das, und inzwischen gibt es auch viele Berichte israelischer Soldaten, die es bestätigen. Die israelische Armee ist kein undisziplinierter Haufen, in dem Hunderte oder gar Tausende von sadistischen Soldaten Befehle mißachten könnten.

Die einzig mögliche Schlußfolgerung ist: Es gab Befehle, zu prügeln, die Knochen zu brechen, massenhaft, gezielt – oder es gab zumindest grünes Licht und Hinweise, was getan werden sollte, die sich dann nach unten immer mehr konkretisierten, so daß im Zweifelsfall niemand für einen allzu deutlichen Befehl zur Rechenschaft gezogen werden konnte.

Zu Anfang dieser Politik wurde das noch kaum verschleiert. Im Gegenteil, Rabin sagte sein »Gewalt, Kraft und Prügel« ganz offen, wahrscheinlich um die Abschreckungswirkung zu erhöhen. Man hörte auch von den massenhaften Knochenbrüchen, ohne daß sich viel regte. Erst als sich einmal mehr oder weniger zufällig eine Videokamera auf eine Prügelszene richtete und die Sache ins Fernsehen kam, die Welt also konkret sah, worin die neue Politik bestand, war die Empörung allgemein. Nun mußte etwas getan werden, um den bösen Eindruck zu verwischen. Die Existenz der Prügelbefehle wurde eilig geleugnet, Amram Mitzna hatte seinen Auftritt vor den Fernsehkameras und versprach Abhilfe, die vier Soldaten wurden festgenommen. Einer von ihnen, Saguy Harpaz, wurde besonders bekannt, weil er aus einem Kibbutz stammt – die Kibbutzbewegung nimmt hohe moralische Maßstäbe für sich in Anspruch. Harpaz' Vater sagte besuchenden Journalisten:

> Wenn der Kameramann nicht dagewesen wäre, hätte es kein Problem gegeben. Das ist unser Problem, nicht das der übrigen Welt. Die Kamera kann nicht sprechen. Eine halbe Minute vor dem Zwischenfall wurde Saguy von einem Stein am Kopf getroffen. Haben sie das in Amerika gesehen? Ich hab's satt. Ich will nicht, daß mein Sohn diesen Job in Nablus macht. Hinter diesen Soldaten gibt's keine Politik. Jemand sagt ihnen, sie sollen den Arabern die Knochen brechen, und dann sagt so ein Orthopäde, sie sollen's nicht. Was zum Teufel geht hier vor? (*Guardian Weekly* 10/138)

Wie er waren auch viele andere Israelis empört, daß hier einige einfache Soldaten, die nur Befehle ausgeführt hatten, zu Sündenböcken gemacht wurden. Allgemein befürchtete man, der Einsatz als Polizeitruppe in den besetzten Gebieten, wo sie hauptsächlich prügeln müßten, würde verrohend auf die jungen Rekruten und damit letzten Endes auf die ganze israelische Gesellschaft wirken. Das Argument wurde in vielen Varianten vorgebracht, um die Notwendigkeit zu unterstreichen, eine politische Lösung des Problems zu finden. Einmal abgesehen von der Fragwürdigkeit einer Denkweise, die sich um die Prügler mehr sorgt als um die Geprügelten: Die Stoßrichtung der Argumentation war wohl ganz richtig. Alles, was die Dringlichkeit einer politischen Lösung oder zumindest einer politischen Behandlung des Problems klarmacht, kann nur nützen. Zu lange schon haben sich die Verantwortlichen auf ausschließlich militärische Mittel zu seiner Eindämmung verlassen.

> Man sagt uns, daß die israelische Militärführung Psychologen ausgeschickt hat, die jungen Soldaten zu behandeln, denen man befohlen hat, ihre palästinensischen Altersgenossen in Unterwerfung zu prügeln. Diese Psychologen sollten erst einmal die politischen und militärischen Führer untersuchen, die der Brutalisierung junger Leute auf beiden Seiten der Barrikaden vorgesessen haben. (Dale Bishop, in: *The First 100 Days,* S. 39)

Der Korrespondent der Histadrut-Zeitung *Davar* für die besetzten Gebiete meinte, man solle nicht die vier Soldaten anklagen. Ihre Tat sei nur ein winziger Ausläufer der gesamten Besatzungspolitik seit mehr als 20 Jahren, und diejenigen, die diese Politik initiiert und getragen hätten, seien auch verantwortlich für ihre heutigen Aspekte:

Die jungen Soldaten sind nicht dumm. Wenn sie brutal sind, dann liegt das daran, daß die israelische Realität eine brutale Realität ist. Die Politik der Militärbesatzung in den Gebieten ist eine brutale Politik, und wer auch immer sie anders darzustellen versucht, ist ein Heuchler und Lügner.

Eine zivile Gesellschaft und ein militärischer Apparat, die über 20 Jahre hinweg ihre ganze Kraft in die Errichtung und Rechtfertigung einer muskelbewehrten Macht in Westjordanien und Gaza gesteckt haben, haben nicht das Recht, diese vier Fallschirmjäger von Nablus anzugreifen, die schließlich nichts anderes getan haben als was alle, oder fast alle, jeden Tag tun. (*Revue d'études palestiniennes* Nr. 28, S. 316)

Führung und Ziele der Intifada

In den spontanen Ausbruch von Massenprotest, der in der zweiten Dezemberwoche stattfand, versuchten sich von Anfang an die in den besetzten Gebieten vorhandenen politischen Kräfte einzuklinken. Wenn diese Versuche Erfolg haben sollten, mußten sie vor allem die zwischen den Organisationen bestehende Uneinigkeit überwinden. Eine Voraussetzung dafür war gegeben: Beim 18. Nationalkongreß der PLO im April 1987 in Algier war die bis dahin bestehende Spaltung der PLO überwunden worden. Das hatte zunächst kaum praktische Konsequenzen. Schon im Oktober und November waren allerdings in den besetzten Gebieten Flugblätter aufgetaucht, die nicht mehr von einer Organisation unterschrieben waren, sondern die Unterschrift trugen: die nationalen Kräfte in den besetzten Gebieten. Es war in ihnen auch schon von »Intifada« die Rede. Damit meinte man die Auseinandersetzungen, die sich seit Herbst an vielen Stellen häuften und eine Eskalation anzudeuten schienen, im Verhältnis zu *der* späteren Intifada allerdings unscheinbar wirken.

Als diese ausbrach, müssen die verschiedenen politischen Gruppen instinktiv gespürt haben, daß das eine Herausforderung von bis dahin nicht gekanntem Ausmaß war, der sie sich als einzelne, isolierte Gruppen nicht stellen konnten. Sie bemühten sich, ein enges Bündnis untereinander herzustellen – bei dem bis dahin vorherrschenden Konkurrenzverhalten und Mißtrauen sicher eine enorme Aufgabe. Wir wissen nicht, wie dieser Prozeß im einzelnen vor sich ging. Wir können nur anhand von Flugblättern und anhand der Ereignisse sehen, welche Wirkungen er hatte. Und wir wissen, daß er in erstaunlich kurzer Zeit gelang.

Der erste Aufruf, der offensichtlich auf einer Einigung aller nationalen Kräfte der Westbank und des Gazastreifens beruhte, trägt das Datum des 8. Januar 1988. Seither kommen diese zentralen Aufrufe in ungefähr wöchentlichen Abständen heraus und geben eine Art allgemeine Orientierung für die Fortsetzung der Intifada sowie einen Wochenplan für einzelne Ereignisse, Streiks usw. Der erste Aufruf ist unterzeichnet mit »die nationalen palästinensischen Kräfte«, der zweite mit »die vereinigte nationale Führung für die Eskalation der Intifada in den besetzten Gebieten«, der dritte mit »PLO – die vereinigte nationale Führung der Intifada in den besetzten Gebieten«. Diese letzte Bezeichnung hat sich für die zentrale Führung inzwischen durchgesetzt. Wie setzt sich diese Führung zusammen, welche Kräfte sind in ihr vertreten? In einem Flugblatt der »vereinigten nationalen Führung der Intifada im Gazastreifen« vom 9. oder 10. Februar 1988 wird es gesagt:

> Die vereinigte Führung der Intifada ist ein von der Intifada geschaffenes breites Kampfbündnis. Sie besteht aus den wichtigen Kräften, die in den besetzten Gebieten aktiv und in der PLO vertreten sind. Es sind: Fatah, die palästinensische KP, die Volksfront für die Befreiung Palästinas und die Demokratische Front. Außerdem umfaßt sie andere nationale Kräfte, die nationalen Komitees im Gazastreifen, die in Dutzenden von Vierteln, in den Flüchtlingslagern, in den Dörfern und den Städten vertreten sind, die nationalen Institutionen und Persönlichkeiten und die religiösen nationalen Kräfte, die dem Programm der PLO verpflichtet sind.

Hier sind fünf Gruppen genannt: Fatah, die Volksfront (FPLP), die Demokratische Front (FDLP), die kommunistische Partei und die »religiösen nationalen Kräfte«. Von diesen sind die ersten drei die Hauptbestandteile der PLO. In der PLO ist noch eine Reihe anderer Gruppen vertreten, aber sie alle sind entweder von bestimmten arabischen Regierungen abhängig oder sehr klein.

Fatah ist die stärkste und populärste palästinensische Organisation. In den späten 50er Jahren gegründet, zeichnet es sich durch die Betonung eines autonom-palästinensischen Nationalismus aus, der sowohl arabische Einmischung in die palästinensische Sache als auch palästinensische Intervention in die Angelegenheiten einzelner arabischer Staaten ablehnt. Wegen dieses autonomen palästinensischen Nationalismus und weil Fatah auch nach der Niederlage von 1967 den bewaffneten Kampf fortführte, gewann es die Sympathien einer Mehrzahl der Palästinenser. Es dominiert ganz eindeutig die Strukturen der PLO, seit sein Sprecher Jasser Arafat 1969 zum PLO-Vorsitzenden gewählt wurde. Abgesehen von allgemeinem palästinensischem Nationalismus verzichtet Fatah weitgehend auf eine ausgearbeitete Ideologie. Es versteht sich nicht als Partei, sondern als Bewegung. Im Prinzip umfaßt es also verschiedene politische Tendenzen, ist aber in der Praxis eher eine Organisation der Rechten und des Zentrums. Die palästinensische Linke wird von den folgenden drei Organisationen gebildet.

Sowohl die *Volksfront* als auch die *Demokratische Front* sind aus der »Bewegung arabischer Nationalisten« hervorgegangen, die stark panarabische Züge hatte. Sie betonen beide die Verbindung der palästinensischen Sache mit dem arabischen »Hinterland« und berufen sich beide auf den Marxismus. Der politische Hauptunterschied zwischen ihnen ist, daß die Demokratische Front schon sehr früh über Lösungen des Palästinaproblems nachgedacht hat, die auch jüdischen Israelis eine Perspektive im Land geben könnten, und daß sie auch zu den ersten Verfechtern des »Etappenprogramms« von 1974 gehörte. Die Volksfront gehörte dagegen lange Zeit zu den Haupt*gegnern* dieses Etappenprogramms, hielt also an der alten Forderung nach der Befreiung ganz Palästinas fest. Heute ist die Schwerkraft der Zwei-Staaten-Lösung in der palästinensischen Bewegung so groß, daß ihr auch die Volksfront – zumindest als Zwischenlösung – nicht mehr widerspricht, aber in der Präsentation dieser Lösung schlägt sie doch gern die alten irredentistischen Töne an.

Außer dem Gegensatz links/rechts, der sich an der Haltung zu sozialen Fragen und an der außenpolitischen Orientierung festmacht, gibt es also in der palästinensischen Bewegung noch eine andere wichtige Kluft: die zwischen den konzessionsbereiten Kräften, die sich mit Israel auf der Basis einer Teilung des Landes (Zwei-Staaten-Lösung) arrangieren wollen, und den irredentistischen Kräften, die an dem Anspruch auf *ganz* Palästina festhalten. Diese Kluft geht durch die Linke ebenso wie durch die Kräfte der Mitte und der Rechten. Für die palästinensische Führung in der Diaspora, die kaum in die soziale Realität der Bevölkerung eingebunden ist, dafür aber um so mehr mit dem Kräftespiel der (vor allem arabischen) *Politik* zu tun hat, stand häufig der politische Gegensatz konzessionsbereit/irredentistisch im Vordergrund. Für die Bewegung in den besetzten Gebieten ist diese Frage schon weitgehend entschieden: Die Zwei-Staaten-Lösung wird hier kaum in Frage gestellt. Soziale Fragen sind viel unmittelbarer, also kommt der Gegensatz links/rechts eher zum Tragen. Das bekommt nun, wo sich der Schwerpunkt der palästinensischen Bewegung von »außen« nach »innen« verlagert, auch für die Gesamtbewegung mehr Gewicht.

Die *kommunistische Partei* ist die älteste politische Organisation in den besetzten Gebieten. Auch in ihrem Programm stehen nationale Forderungen im Vordergrund. Sie hat schon sehr früh klar einen palästinensischen Staat in der Westbank und im Gazastreifen gefordert. Sie leistet viel organisierte Massenarbeit und war entscheidend am Aufbau von Basisorganisationen in den letzten Jahren beteiligt. Im Gegensatz zu den drei vorgenannten Organisationen ist die KP in der palästinensischen Diaspora nicht stark. Sie hat auch nie die übertriebene Betonung des bewaffneten Kampfs mitgemacht, die für andere palästinensische Organisationen charakteristisch ist. In den Organen der PLO ist sie erst neuerdings voll vertreten.

Die *islamischen politischen Kräfte* waren ursprünglich nicht auf nationale Ziele ausgerichtet; sie haben sogar öfter nationalistische Gruppen und Institutionen angegriffen – zur großen Freude und unter Duldung der Besatzungsbehörden. Erst in den letzten Jahren hat sich bei ihnen eine Tendenz herausgebildet, die sich nationalen Zielen verpflichtet fühlt und mit der nationalen Bewegung zusammenarbeitet. Diese Tendenz wird im allgemeinen mit der Organisation »Dschihad Islami« identifiziert, die vor allem im Gazastreifen präsent ist. Im Unterschied zur traditionellen Tendenz wird diese Organisation hart unterdrückt, die meisten ihrer Kader sollen im Gefängnis sitzen. Auch diese Tendenz ist neuerdings in der PLO vertreten.

Die andere, *nicht* nationale islamische Tendenz hat nach wie vor Einfluß auf gewisse Teile der Bevölkerung, vor allem in Gaza, aber auch in manchen Regionen der Westbank. Sie agiert nicht im selben Sinn wie die vorgenannten Organisationen, sondern kümmert sich eher um die Verschleierung der Frauen und die Trennung der Geschlechter. Sie will aber andererseits auch den Eindruck vermeiden, sie stünde in der Intifada ganz beiseite. Darum ruft auch sie zu Streiks auf, malt Parolen an die Wände (»Das Ende Israels ist eine koranische Unausweichlichkeit«) usw. Sie tut das unter dem Namen *Hamas,* was die Abkürzung für »Islamische Widerstandsbewegung« ist, aber gleichzeitig »Eifer, Enthusiasmus« bedeutet. Sie ist auch die einzige politische Kraft, die jede Kompromißbereitschaft gegenüber Israel, jede Zwei-Staaten-Lösung, ja sogar die allseits geforderte internationale Konferenz offen ablehnt. In letzter Zeit scheint sich die Konkurrenz zwischen ihr und der vereinigten Führung zu verschärfen: Beide riefen zu Generalstreiks an *verschiedenen* Tagen auf, und es kam dabei zu Zusammenstößen. Man muß allerdings grundsätzlich von dem Bild, das die Presse, von dem »islamischen Phänomen« zeichnet, einiges wegstreichen, denn sie übertreibt hier gern.

Das Bündnis dieser fünf Organisationen bildet auf den verschiedenen Ebenen das politische Rückgrat der Erhebung. Überdies identifiziert sich die breite Bevölkerung, abgesehen von jeder organisatorischen Zugehörigkeit oder parteipolitischen Sympathie, mit der PLO als Symbol der palästinensischen nationalen Identität. Insofern trifft es in der Tat zu, daß die Erhebung von der PLO geleitet wird. Es handelt sich aber nicht um die Zentrale dieser Organisation in Tunis, sondern um ihre Komponenten im Innneren der besetzten Gebiete. Die Führung im Inneren läßt keine Gelegenheit aus zu betonen, daß die PLO »ihre Adresse« ist, aber ebenso deutlich sagt sie, daß sie selbst für die operative Führung des Kampfs verantwortlich ist. Ähnliches gilt für die Auseinandersetzungen im lokalen Maßstab: Sie werden gemäß den lokalen Bedingungen und Notwendigkeiten von lokalen Kräften geleitet, den »Volkskomitees« oder »nationalen Komitees«. Darin sind meist die Leute vertreten, die am aktivsten mitmachen und durch politische Arbeit, Gefängnisaufenthalte usw. schon eine gewisser Erfahrung und Autorität als Führer erworben haben. Mit dieser Führung des Kampfs im lokalen Maßstab steht und fällt die ganze Erhebung.

Die »vereinigte nationale Führung« hat aber inzwischen durch die Herausgabe der zentralen Aufrufe eine solche Prominenz bekommen, daß die israelische Armee ihre Bedeutung überschätzt. Sie bemüht sich mit Feuereifer, sie zu fassen und die Herausgabe der Aufrufe zu unterbinden – bisher ohne Erfolg. Oft schon wurde die Verhaftung von Mitgliedern der vereinigten Führung bekanntgegeben, aber entweder war das falsch, oder die entsprechenden Leute wurden rasch ersetzt. Israel hat vorzügliche Informationen über alle politischen Aktivisten in den besetzten Gebieten, die neulich auch noch in einen Computer eingespeist worden sind. Unter den Tausenden von politischen Häftlingen, die vielfach ohne Anklage einsitzen, sind besonders viele der bekannten Aktivisten, »vorbeugend« aus dem Verkehr gezogen. Wenn trotzdem die Schlagkraft der Intifada nicht entscheidend geschwächt werden konnte, so zeigt das, wie weit politisches Know-how schon verbreitet ist. Die Hauptforderungen der Erhebung, um die es sich in den Aufrufen vor allem dreht, sind ja auch kein Geheimnis. Sie liegen ebenso wie das Hauptkampfmittel, die Steine, auf der Straße.

Die Hauptabsicht der Intifada liegt darin, die Ablehnung der Besatzung deutlich zu demonstrieren. Ihre politische Hauptforderung ist die, die schon seit den frühen 70er Jahren von der nationalen Bewegung in den besetzten Gebieten vorgebracht wird: Rückzug Israels aus den 1967 besetzten Gebieten und Errichtung eines unabhängigen palästinensischen Staates unter Führung der PLO in diesen Gebieten. Zur Erreichung dieses Ziels fordern die Palästinenser die Einberufung einer internationalen Konferenz unter Einbeziehung der PLO. Man weiß sehr gut, daß dies eine langfristige Forderung ist, der Israel und die USA nicht ohne längere Anstrengungen und starken Druck nachgeben werden.

Es gibt aber auch eine Reihe von unmittelbaren Forderungen, die den Leuten in den besetzten Gebieten am Herzen liegen. Die meisten dieser Forderungen haben mit der harten Unterdrückungspolitik der letzten Jahre zu tun. Sie wurden schon sehr früh während der Intifada vorgebracht. Im zweiten Aufruf der vereinigten Führung vom 10. Januar 1988 heißt es:

Während die vereinigte nationale Führung für die Eskalation der Intifada die Fortsetzung des Kampfs in all seinen Formen unter dem Banner der PLO bis zur Verwirklichung der hohen Ziele unseres Volks: Rückkehr, Selbstbestimmung und Errichtung unseres unabhängigen palästinensischen Staates unter der Führung der PLO bekräftigt, ruft sie die tapferen Massen unseres Volks zum Kampf für die Durchsetzung der unmittelbaren und grundlegenden Losungen der Intifada auf, die in Folgendem bestehen:

- Beendigung der Politik der eisernen Faust, Schluß mit der Anwendung der bestehenden Ausnahmegesetze, d. h. auch sofortige Aufhebung der Deportationsbeschlüsse.
- Verbot der Schändung und Entweihung der religiösen Heiligtümer und Entfernung des Terroristen Scharon aus der Altstadt von Jerusalem.
- Rückzug der Armee aus den Städten, Flüchtlingslagern und Dörfern,

Verbot ihrer provokatorischen Aktionen und Verbot des Schießens auf die wehrlosen Söhne unseres Volks.

- Auflösung der von den Besatzungsbehörden ernannten Stadtkomitees, Dorfräte und Lagerkomitees und Abhaltung demokratischer Wahlen für alle Stadt- und Dorfräte in der Westbank und im Gazastreifen.
- Sofortige Freilassung aller Gefangenen der Intifada und Schließung der Internierungslager Faraa, Ansar 2, Ansar 3 und Dhahiria.
- Aufhebung der Mehrwertsteuer, die man unseren Händlern aufgezwungen hat.
- Einstellung der Beschlagnahme von Ländereien, Einstellung des Baus von Siedlungen und der Provokationen der Siedlerhorden.
- Verbot des Überfallens und der Schließung der verschiedenen Erziehungs-, Gewerkschafts- und Masseninstitutionen und des Eingreifens der Besatzungsbehörden in ihre inneren Angelegenheiten.

Ähnliche Listen von kurzfristigen Forderungen wurden mehrmals veröffentlicht, die ausführlichste im Rahmen einer Pressekonferenz, die einige prominente Palästinenser am 14. Januar 1988 in Jerusalem gaben (Text im Anhang). Auch diese »unmittelbaren« Forderungen sind allerdings nicht leicht durchzusetzen; bisher konnten nur die Aspekte verwirklicht werden, die direkt durch die Palästinenser zu beeinflussen sind (z. B. Steuerboykott, Rücktritt von Stadtverwaltungen usw.).

In ihren ersten Aufrufen versuchte die vereinigte Führung viel Überzeugungsarbeit zu leisten: Sie sprach einzelne Gruppen der Bevölkerung an, suchte ihnen ihr spezielles Interesse an der Erhebung klarzumachen, warnte aber gleichzeitig vor Repressalien gegen jeden, der die Aktionseinheit etwa bei Streiks brechen würde. Die Aufrufe wurden aber so massiv befolgt, daß dergleichen Überzeugungsarbeit in der Folge offenbar für überflüssig erachtet wurde. In späteren Aufrufen findet sich meist ein allgemeiner politischer Kommentar, eine Bemerkung über das bisher Geleistete und den Stand der Erhebung, die Betonung bestimmter Forderungen gegenüber Israel (manchmal auch gegenüber den arabischen Staaten), das Aufrufen der palästinensischen Bevölkerung zu bestimmtem Verhalten und ein Plan für Einzelaktionen.

Folgendes wurde z. B. im 12. Aufruf (2. April 1988) an die Adresse der arabischen Staaten gesagt:

Wir verurteilen alle Versuche, die Abhaltung des arabischen Gipfels in der ersten Aprilhälfte zu verhindern. Er soll baldigst stattfinden, um den Kampf des Volks der Intifada auf dem Boden Palästinas zu unterstützen. Wir versichern den arabischen Königen und Staatsoberhäuptern, daß wir kein Geld wollen. Wir werden hungern und nackt gehen, aber wir werden uns nicht beugen. Wir werden als Märtyrer sterben, aber bis zum sicheren Sieg unsere Rechte nicht aufgeben. Aber wir wollen, daß der Gipfel sich auch in Taten dem verpflichtet fühlt, was er früher schon beschlossen hat: Bekräftigung der soliden Rechte unseres Volks auf die Errichtung unseres unabhängigen Staates unter dem Banner des Führers unseres Kampfs und unserer rechtmäßigen und einzigen Vertretung, der PLO. Weiter verlangen wir die Festlegung auf die internationale Konferenz mit allen Vollmachten und unter Einbeziehung aller Beteiligten, d. h. auch der PLO als unabhängigem und gleichberechtigtem Teilnehmer.

Noch wichtiger als solche Aufforderungen an »äußere« Beteiligte am Nahostkonflikt sind die Erklärungen der vereinigten Führung, die sich an die eigene Bevölkerung richten. Abgesehen von dem detaillierten wöchentlichen »Terminkalender« für die Intifada sind das hauptsächlich Kommentare und Direktiven zu drei Feldern: 1) die Organisierung des »äußeren Erscheinungsbildes« der Intifada (Konfrontationen, Streiks, Demonstrationen etc.), 2) die Reorientierung und Umgestaltung der eigenen Gesellschaft zwecks Anpassung an die Notwendigkeiten der Intifada und 3) das Verhalten der Palästinenser gegenüber der Besatzung im täglichen Leben.

Es geht also einmal darum, die Erhebung fortzusetzen und ihr gewisse Regeln zu geben. Dazu müssen allgemeine Richtlinien ausgegeben und bestimmte organisatorische Strukturen geschaffen werden. Eine frühe und ziemlich allgemein gehaltene Formulierung der Richtlinien sah so aus:

(Die vereinigte Führung) ruft die Massen unseres palästinensischen Volks in den besetzten Gebieten dazu auf, die Eskalation der Intifada im Angesicht des haßerfüllten Besatzers fortzusetzen, und zwar, indem sie täglich die Häuser verlassen, Männer und Frauen, Junge und Alte, Händler und Arbeiter, Lehrer und Angestellte, und sich zu einem Demonstrationszug vereinigen, der täglich in all unseren Städten, Lagern und Dörfern hervorbricht und gemeinsam ruft: »Es lebe die PLO, es lebe die Intifada, Revolution bis zur Befreiung!« (Aufruf Nr. 5, 27. Januar 1988)

Im übrigen unterscheidet die vereinigte Führung zwischen Generalstreiks, die nur zu bestimmten Gelegenheiten ausgerufen werden und bei denen das ganze öffentliche Leben lahmgelegt werden soll, und dem »normalen« Ablauf der Intifada, der sich aber auch gründlich von dem Leben vorher unterscheidet. Die Führung hatte die Arbeiter zunächst zum vollständigen Boykott der Arbeit in Israel aufgerufen. Dieser Aufruf wurde aber nur an Tagen des Generalstreiks befolgt (abgesehen von den Arbeitern, die durch Unruhen oder Ausgangssperren am Verlassen ihrer Wohnorte gehindert waren). Es wurde bald klar, daß für die meisten der mehr als 100 000 Arbeiter, die in Israel arbeiten, kein alternativer Lebensunterhalt in Sicht ist. Also wurde die Direktive geändert, man ruft die Arbeiter jetzt nur noch zum Boykott an Generalstreiktagen auf. Nur wer eine andere Arbeit finden oder von der Bearbeitung seines Bodens leben kann, soll aufhören, in Israel zu arbeiten. Allerdings: In den jüdischen Siedlungen in den besetzten Gebieten sollen Palästinenser nicht mehr arbeiten.

Die Läden sollen täglich nur für zwei bis drei Stunden öffnen. Die Zeiten dafür wurden zuerst lokal festgelegt; inzwischen öffnet man einheitlich von 9 bis 12 Uhr. Zum Zweck der Organisierung der Geschäftsstreiks und zur Wahrnehmung anderer Interessen der Geschäftsleute rief die Führung zur Bildung von Händlerkomitees auf. Die allgemeinen örtlichen Komitees, die im Verlauf der Intifada gegründet wurden, sollen Händlern helfen, die unter den Bedingungen der Erhebung leiden. In den Gewerbezonen außerhalb der Städte sollen die Dienstleistungsbetriebe den ganzen Vormittag geöffnet bleiben. Fabriken sollen ihre Arbeitszeit nicht reduzieren, sondern nach Möglichkeit noch verlängern, um mehr Arbeitskräfte aufnehmen und möglichst viel produzieren zu können. Nur bei Generalstreiks sollen auch sie schließen. Ärzte, Apotheker und Krankenstationen sollen wie üblich dienstbereit sein, selbst bei Generalstreiks.

Stellungskrieg und Abnutzungsstrategie

Was die palästinensische Gesellschaft unter der Besatzung angeht, so scheint sich die vereinigte Führung darüber klar zu sein, daß ihr die Bedingungen der Intifada Opfer abverlangen. Sie ruft stets die Bevölkerung zur Brüderlichkeit, Solidarität und gegenseitigen Hilfe bei der Bewältigung der Schwierigkeiten auf. Dazu gehört, daß man der Opfer der Erhebung gedenkt und ihren Familien zur Seite steht. Es wird dazu aufgerufen, Denkmäler für die während der Erhebung Getöteten zu errichten. Den Armen, den in irgendeiner Weise durch die Erhebung oder deren Unterdrückung Geschädigten und den von Ausgangssperren betroffenen Lagern, Dörfern und Städten soll mit Lebensmitteln und anderen wichtigen Bedarfsgütern (Petroleum, Benzin) geholfen werden. Die Bevölkerung wird dazu aufgerufen, peinlich darüber zu wachen, daß die Händler nicht Waren horten, Preise anheben und auf diese Weise von der Notlage der Leute profitieren.

Es wird auch zu einer Verringerung und »Richtigstellung« des Konsums aufgerufen, um die Widerstandskraft zu stärken – eine versteckte Kritik am Konsumverhalten der wohlhabenden Schichten, die stets mit Luxusgütern protzten. So viel wie möglich sollen die Leute selbst produzieren. Dazu sollen sie »aufs Land zurückkehren« und wieder in gewissem Maß Subsistenzwirtschaft betreiben – alles das, um so wenig wie möglich auf israelische und importierte Waren angewiesen zu sein.

Alle Palästinenser, »deren Loyalität nicht Palästina gilt«, sollen isoliert und boykottiert werden. Damit sind neben israelischen Agenten vor allem projordanische Figuren gemeint. Namentlich genannt werden in diesem Zusammenhang der Bürgermeister von Bethlehem, Freidsch, und der ehemalige Bürgermeister von Gaza, Schawwa, die beide als Projordanier gelten. Ausdrücklich wird zum Boykott der Zeitung *An-Nahar* aufgerufen, die ebenfalls als Sprachrohr Jordaniens gilt.

Ein sehr wichtiges Ziel ist der vereinigten Führung offenbar die Abkopplung von Israel auch im täglichen Leben. Abgelehnt wurde die Besatzung ja immer, aber im praktischen Leben arrangierte man sich mit ihr. Das soll nun anders werden. Die Führung ruft zum Boykott israelischer Waren auf, wo immer das möglich ist, d. h. wo lokal produzierte Alternativen zur Verfügung stehen. Die Zahlung von Steuern soll verweigert werden (das betrifft vor allem Händler und Produzenten), die meist sehr hohen Geldstrafen für »Sicherheits«delikte nicht bezahlt werden. Die Palästinenser, die für die Besatzungsbehörden arbeiten oder als Vermittler zwischen ihnen und der Bevölkerung auftreten, sollen davon abgebracht werden. Die ernannten Stadt- und Dorfräte und Lagerkomitees sollen zurücktreten, die arabischen Polizisten und andere Angestellte der Besatzungsbehörden (vor allem soweit sie bei der Einziehung von Abgaben mitwirken) ihre Ämter niederlegen. Kollaborateure und Informanten werden aufgerufen, ihre Waffen abzuliefern und öffentlich Umkehr zu geloben. Für den Fall, daß all das nicht freiwillig geschieht, werden Repressalien bis hin zu physischen Angriffen angedroht. Schließlich wird die Bevölkerung zu besonders heftigem Vorgehen gegen die jüdischen Siedler aufgerufen, denen »der Boden unter den Füßen verbrannt« werden soll.

All dies wird als Teil eines Abnutzungskriegs gegen die Besatzung gesehen, der ihre Kosten in die Höhe treiben soll. Die vereinigte Führung weiß – und sagt auch offen –, daß das keine leichte und kurzfristige Aufgabe ist und daß man dabei nicht alles auf einmal erreichen kann. Darum faßt sie eine längerfristige Strategie ins Auge:

> Das ist ein langer und beschwerlicher Weg, aber es ist der einzig zuverlässige. Laßt die revolutionäre Flut weiter in Richtung auf den zivilen Ungehorsam ansteigen! Berauben wir die Besatzung ihres Machtmonopols! Die Autorität der vereinigten Führung und der Helden der Steine und des Molotow soll die Grundlage sein. Boykottieren wir alle Organe, Pläne und Waren der Besatzung, soweit wir das können! Vervielfachen wir ihre ökonomischen, politischen, menschlichen und moralischen Verluste; machen wir ihre Verluste größer als ihre Gewinne! Dann wird sie aufpacken und aus unserem Land abziehen. Kehren wir zum Boden zurück und bebauen wir ihn; er ist die Quelle des Wohlergehens für alle. Viele Grundbedürfnisse lassen sich mit einem Stückchen Erde vor dem Haus decken. Die Subsistenzwirtschaft steigert euer Einkommen, unterstützt eure Standhaftigkeit und mindert die Härte des Lebens unter der Besatzung. Die kleinen Land- oder Viehwirtschaften beim Haus lassen sich leicht einrichten. Denken wir doch daran, daß die Vietnamesen nicht allein mit dem Gewehr über die amerikanische Tyrannei triumphiert haben, sondern auch durch die bäuerliche Wirtschaft! (Aufruf Nr. 8, gegen Ende Februar 1988)

Die Erhebung ist nun ein ¾ Jahr alt, und immer noch werden die Aufrufe der Führung genau und massenhaft befolgt. Daraus geht zweierlei hervor: Einmal muß die Entschlossenheit der Bevölkerung, die Intifada fortzuführen und dafür auch Opfer und Entbehrungen auf sich zu nehmen, sehr groß sein, und zum anderen muß die nationale Führung »das Ohr an den Massen« haben, genau wissen, was man den Leuten zumuten kann und was nicht. Offensichtlich wurde ein großer Teil der anfänglichen Spontaneität bewahrt, und das geht nicht, wenn »die Massen« nur durch Anweisungen von oben dirigiert werden, ihre Eigeninitiative also eingezwängt wird. Es geht nur, wenn die Initiative von der unteren Ebene kommt und dann gleichsam ihren Weg nach oben nimmt.

Nach allem, was wir über die Organisierung der Intifada wissen, liegt der Schwerpunkt der Initiative tatsächlich auf der lokalen Ebene. Hier läßt sich unmittelbar erproben, zu welchen Aktionsformen die breite Bevölkerung fähig und bereit ist. Hier scheint auch die Konkurrenz der verschiedenen politischen Organisationen untereinander die wenigsten Probleme aufzuwerfen – schließlich ist nur eine kleine Minderheit der Bevölkerung parteipolitisch gebunden. Den mittleren Kadern und der nationalen Führung kommt dann die Aufgabe zu, die Aktionsformen und die Bereitschaft der Basis auf eine politische Formel zu bringen und sie in ein detailliertes Aktionsprogramm umzumünzen – und ihnen obliegt es, in jedem Einzelfall Einigkeit zwischen den politischen Gruppen herzustellen. Es ist nämlich nicht so, daß das Bündnis dieser Gruppen, im Anfang der Intifada einmal hergestellt, nun auf unabsehbare Zeit gesichert wäre. Es gibt da durchaus verschiedene Sichtweisen und dementsprechend auch verschiedene Vorstellungen, in welche Richtung der Kampf fortgesetzt werden sollte. Die Einheit ist hier keine statische, sondern eine sehr dynamische Angelegenheit, die in jedem Moment neu gewonnen werden muß.

Die Führung der Intifada ist also keine leichte Aufgabe – sie ist eine Gratwanderung, bei der die Kampfbereitschaft der Massen immer mit einem einigermaßen realistischen Programm in Verbindung gebracht werden muß. Das geschieht einmal durch die enge Fühlung mit den lokalen Kämpfen, zum anderen durch die ständige Erprobung von Parolen. Im Anfang wurde z. B. der totale Boykott der israelischen Arbeitsplätze durch alle palästinensischen Arbeiter propagiert. Das stellte sich bald als undurchführbar heraus, und so wurde diese Losung fallen gelassen. Auch die Steuerverweigerung auf der ganzen Linie hätte sich als selbstzerstörerisch erweisen können. Wenn z. B. ein größerer Betrieb keine Steuern zahlt, bekommt er keine Rohmaterialien mehr und wird über kurz oder lang geschlossen. Gerade am Funktionieren der Betriebe ist aber die Führung der Erhebung interessiert. Die ganz rigorose Anweisung zur Steuerverweigerung wurde also für diese Betriebe gelockert. In dieser Hinsicht hat die Intifada auf allen Ebenen viel Einsicht, Reife und Realismus gezeigt.

Ein Problem stellt sich stets neu: Wie kann man den Mobilisierungsstand der Bevölkerung bewahren oder sogar anheben?

Das langfristige Hauptziel: Beendigung der Besatzung und ein eigener Staat, wird bei der israelischen Kompromißlosigkeit nicht leicht zu erreichen sein, sondern noch viel Zeit und Anstrengung erfordern. Die unmittelbaren Ziele sind auch nicht leicht durchzusetzen; überdies erwachsen sie direkt aus der Besatzungspolitik. Wenn man sich allzu sehr auf sie konzentriert, könnte es sein, daß die Initiative wieder auf die israelische Seite übergeht, daß die Palästinenser wieder nur mehr auf von Israel gegebene Anlässe und Provokationen reagieren. Es kommt also für sie darauf an, etwas weitreichendere, quasi mittelfristige Ziele selbst zu setzen und die Bevölkerung für die Verwirklichung solcher Ziele zu mobilisieren. Solche »mittelfristigen« Ziele liegen aber nicht in ebenso griffigen Formeln und Parolen vor, wie es bei dem Hauptziel und den unmittelbaren Forderungen der Fall ist. Sie müßten in einem Bereich angesiedelt sein, der zwischen dem jetzigen Zustand, sei er auch durch Erfüllung unmittelbarer Forderungen erträglicher gemacht, und der Erreichung des Hauptziels – Errichtung des eigenen Staates – liegt. Das heißt, es kann sich dabei nur um die Umgestaltung der palästinensischen Gesellschaft bereits unter der Besatzung und um die Veränderung ihres Verhältnisses zu dieser Besatzung handeln. Es liegt auf der Hand, daß die verschiedenen politischen Kräfte über die Notwendigkeit einer solchen Umgestaltung und ihre Richtung unterschiedliche Auffassungen haben. Das macht es schwer, ein Programm für die Umgestaltung auszuarbeiten, das von allen akzeptiert würde.

Und doch ist dies vielleicht die *eine* große Chance, die die Palästinenser haben, ihr Schicksal in die eigenen Hände zu nehmen, ihren Staat in einer langen Auseinandersetzung selbst zu erkämpfen und bereits im Kampf um ihn Strukturen zu schaffen, die es ihm auch in Zukunft unmöglich machen werden, über die Interessen der Bevölkerung so nonchalant hinwegzugehen, wie es heute im Nahen Osten und anderwärts die Regel ist.

Wir haben schon gesehen, daß die Palästinenser es unter der Besatzung geschafft haben, diese einhellig abzulehnen und eine politische Alternative zu ihr ins Auge zu fassen. Sie haben aber noch kein soziales und ökonomisches Programm entwickelt, mit dem ihre Gesellschaft ihre Struktur auch unter der Besatzung bewahren, ihre Widerstandskraft stärken und ihrem

Hauptziel näherkommen könnte. Mit der Intifada ist nun die Notwendigkeit eines solchen Programms deutlicher sichtbar geworden, und es ist so viel in Bewegung geraten, daß man wohl erstmals daran denken kann, ein solches Programm mit breiter Beteiligung und Zustimmung zu erstellen und an seine Verwirklichung zu gehen. Wohlgemerkt: Viele haben ein solches Programm seit langem gefordert. Keineswegs alle politischen Gruppen haben aber seine Notwendigkeit eingesehen, und einige einflußreiche Kreise fühlten sich auch geradezu dadurch bedroht. Darum waren bisher die Umstände für seine Erstellung und Verwirklichung sehr ungünstig. Das ist jetzt anders geworden. Bisher haben zwar die Forderungen der Intifada und ihre spektakulären Erscheinungsformen hauptsächlich direkt politischen Charakter. Aber die Bedingungen, die mit der Entfaltung der Erhebung geschaffen wurden, haben doch bereits einige Veränderungen des gesellschaftlichen Lebens hervorgerufen. In den erwähnten Forderungen der vereinigten Führung an die eigene Bevölkerung klingt das an, und in der Praxis ist es noch deutlicher zu beobachten. Im Grunde ist hier schon im Keim das geforderte soziale und ökonomische Programm angelegt, das allerdings nun konsequent und planmäßig entwickelt werden muß, um die gewünschte Frucht zu tragen: Befähigung der palästinensischen Gesellschaft zum langandauernden Widerstand.

Die palästinensische Gesellschaft in der Intifada

Vorher hing das Ansehen eines Jugendlichen von seiner Familie, seinem sozialen Status, seinem Bildungsniveau ab ... Heute zählt allein ein Kriterium: seine Rolle in der Erhebung. (*Le Monde Diplomatique*, Mai 1988)

Die palästinensische Jetztzeit beginnt mit dem Ausbruch der Intifada. Man spricht von »vorher« und »nachher«, und in der Tat, alles hat sich gewandelt. Aus der Hoffnungslosigkeit ist Hoffnung geworden, und sei es auch nur ein Hoffnungsschimmer; aus Apathie und Passivität ist aktive Teilnahme an den Ereignissen geworden; aus dem Reagieren ein Agieren. Man sieht das den Leuten an, und man merkt es noch mehr in Gesprächen: Die Intifada hat sie elektrisiert. Nicht jeder ist von allen Aspekten der Erhebung begeistert, die Menschen wissen, daß sie Opfer bringen müssen, viele sehen mit Ungewißheit in die Zukunft, aber gleichgültig läßt die Sache niemanden.

Die Veränderung der palästinensischen Gesellschaft durch die Erhebung ist vielfältig. Ein Aspekt, und zwar einer, duch den vieles andere erst möglich wurde, ist das *Zerbrechen der Angstbarriere.* Nachdem die Wut der Bevölkerung einmal übergekocht war, nachdem sie mehr als einmal Soldaten in die Enge getrieben hatte, nachdem in den täglichen Auseinandersetzungen augenscheinlich wurde, daß die israelischen Soldaten keine übernatürlichen Fähigkeiten haben, verflüchtigte sich die Angst, die viele Leute vor der Armee hatten. Alles Schießen und alle Knüppelei konnten sie nicht wiederherstellen. Die lähmende Angst ist nüchterner Kalkulation gewichen: Das und das kann die Armee uns antun, und wir müssen es in Kauf nehmen, wenn wir uns ihr entgegenstellen. Und die Opfer werden denn auch bewußt in Kauf genommen. Das hat wenig mit islamischem Fanatismus und der mit ihm angeblich verbundenen Todesbereitschaft zu tun, von der uns die Presse gern erzählt. Diese Vorstellung paßt überhaupt nicht zu der Art, wie die Straßenkämpfe geführt werden – nüchtern kalkuliert, bemüht, die Verluste so gering wie möglich zu halten. Die Opferbereitschaft und die Art des Kampfs entspringen vielmehr einem hohen Grad an politischer Mobilisierung und Bewußtheit. Daß dabei oft Rufe wie »Allahu akbar« (Gott ist groß) laut werden, liegt einfach daran, daß es sich hier um eine islamische Gesellschaft handelt, in der diese Rhetorik zum selbstverständlichen Symbolbestand gehört.

Die Überwindung der Angst hat die Palästinenser auch in die Lage versetzt, Leute in ihren Reihen, die direkt für die Besatzungsmacht arbeiteten, zu isolieren und zu neutralisieren. Der israelische Geheimdienst hatte ja ein engmaschiges Netz von Kollaborateuren und Spitzeln aufgebaut (bzw. teilweise schon von Jordanien übernommen). Diese Leute hatten, soweit ihre Funktion bekannt war, Waffen und Leibwachen bekommen. Mit dem Aufbau einer Konfrontation, die praktisch die ganze Bevölkerung gegen die Besatzung stellte, war ihre Lage prekär geworden. Viele von ihnen ersuchten durch die Vermittlung geistlicher Instanzen um Frieden mit ihren jeweiligen örtlichen Gemeinschaften. Das schloß die Ablieferung der Waffen und eine offizielle Zeremonie ein. Auch eine der prominentesten

Figuren der »Dorfligen«, der gefürchtete Bischara Qumsije aus Beit Sahur bei Bethlehem, tat öffentlich Abbitte und gelobte Besserung:

Ich bin glücklich, euer Diener zu sein, erklärte Qumsije, 65 Jahre alt und einer der großen Grundbesitzer von Beit Sahur. Ich bin gekommen, um zu erklären, daß ich dem palästinensischen Volk und dem Volk von Beit Sahur angehöre und das tun werde, was sie mir sagen. (*Libération*, 28. März 1988)

In dem Dorf Qabatia flogen bei einer Demonstration Steine gegen das Haus eines Kollaborateurs. Der Mann schoß in die Menge und tötete ein Kind. Daraufhin stürmten die Dorfbewohner sein Haus, wobei 13 von ihnen angeschossen wurden, und erschlugen ihn.

Sie zogen seine Leiche auf die Straße, wo praktisch das ganze Dorf, einschließlich seiner Verwandten, sie bespie. Die Leiche wurde dann an einen Strommast gehängt, darüber zwei palästinensische Flaggen. Am nächsten Tag übergaben vier andere Kollaborateure bei einer öffentlichen Versammlung in der Moschee ihre Waffen dem Dorfvorsteher und baten das Dorf formell um Verzeihung. (Penny Johnson und Lee O'Brien, *Middle East Report* Nr. 152)

Das Dorf wurde durch zahlreiche Verhaftungen, eine langdauernde Ausgangssperre, Häusersprengungen und ein Exportverbot schwer bestraft. Auf der anderen Seite pries die vereinigte Führung in einem Aufruf die Leute von Qabatia, die gezeigt hätten, wie man mit Verrätern umgehen müsse.

Das scheinbar so festgeknüpfte Netz der Kollaborateure und Spitzel zerriß, und mit ihm schwand auch das Gefühl, Auge und Ohr der Besatzungsmacht seien überall. Sicherlich gibt es auch heute noch unerkannte Informanten, aber ihre Arbeit ist schwierig geworden, und was das Wichtigste ist: Man hat keine Angst mehr vor ihnen. Die Leute treten viel offener auf. Wenn am Anfang die demonstrierenden Jugendlichen meist noch vermummt waren, so sind sie es heute schon vielfach nicht mehr.

Nicht nur alle Schichten und Altersgruppen nehmen an der Erhebung teil; sie erfaßt auch geographisch alle Teile der besetzten Gebiete. Daß die Leute in den Städten und den Flüchtlingslagern – auch früher schon Zentren und Treibhäuser politischer Mobilisierung – massenhaft auf die Straße gingen, war kaum verwunderlich. Darüber wurde auch intensiv berichtet: In Jerusalem, Ramallah und Bethlehem haben die Journalisten sowieso ihre Kontakte, und auch der obligate Besuch in Gaza und Dschabalia wurde gemacht, als die Unruhen losgingen. Daß aber auch jedes einzelne der beinahe 400 *Dörfer* in der Westbank sich in der einen oder anderen Form an der Erhebung beteiligt, ist erstaunlich, ist neu und ist viel zu wenig bekannt. Über die Dörfer wurde in der Regel nur berichtet, wenn etwas »Spektakuläres« passierte – der Tod des Kollaborateurs in Qabatia, der Tod eines jüdischen Mädchens in Beita. Die Beteiligung der Dörfer ist aber wohl der beste Beleg dafür, daß die Erhebung wirklich umfassend ist. Im Januar 1988 verlagerte sich sogar ihr Schwerpunkt vom Gazastreifen auf die Dörfer in der Westbank.

Die Dörfer zeigen auch eine bemerkenswerte Standhaftigkeit. Viele Dörfer, in denen die Armee nicht präsent ist – und sie kann einfach nicht überall gleichzeitig präsent sein – werden von ihren Bewohnern mit Steinbarrikaden abgeriegelt. Schutzwachen werden aufgestellt, Flaggen auf dem Minarett und an anderen Punkten gehißt, und das ganze Dorf wird für befreit erklärt. Wenn die Armee dann diesen Zustand beenden will, braucht sie große Einheiten, denn die Dörfler leisten erbitterten Widerstand. Um das Dorf Salfit im Junikrieg von 1967 zu nehmen, genügten vier Jeeps; um es während der Intifada zu stürmen, brauchte die Armee 1 200 Soldaten mit Hubschrauberverstärkung.

Einige dieser »befreiten Dörfer«, deren Widerstand besonders erbittert war, sind bei den Palästinensern zu Legenden geworden. Dazu gehört Salfit. Ein anderes ist Idna, westlich von Hebron, nahe an der grünen Linie gelegen. Hier begann die Konfrontation schon am 20. Dezember 1987, dauerte dann mehr oder weniger intensiv monatelang fort und band zeitweise beträchtliche Armee-Einheiten.

31. Januar 1988. Eine Streitmacht von etwa 1 000 Soldaten griff Idna in dem Versuch an, die Routine von täglichen Demonstrationen, die sich inzwischen eingespielt hatte, zu brechen. Die Soldaten setzten viermal zum Sturm an, wurden aber jedesmal von den Verteidigern zurückgeschlagen. Beim fünften Angriff, während der Nacht, nahm die Armee ein kleines Areal des Dorfs ein, wo die Soldaten gewaltsam in Häuser eindrangen, auf kurze Entfernung Gummigeschosse abfeuerten und Leute mit Gewehrkolben und Knüppeln schlugen. Mehrere Personen wurden bei diesem Angriff verletzt. Schnell gruppierten sich die Verteidigungskomitees um, und die Armee wurde wieder aus dem Dorf getrieben. Nach dieser Schlacht wurde

das Dorf zum geschlossenen Militärgebiet erklärt und von einer großen Zahl von Soldaten für zwei Monate belagert. (*Facts* 7)

So wird in dem »Idna-Tagebuch« berichtet, einer Art Chronologie der Ereignisse im Dorf seit Beginn der Intifada, die im April 1988 veröffentlicht wurde.

Wenn man diese Episode und viele andere Begebenheiten hört, bei denen die israelische Armee große Mühe hat, sich gegen die Palästinenser durchzusetzen, mag man sich fragen, wie das möglich ist. Warum haben gut ausgebildete und ausgerüstete Soldaten in nicht zu kleiner Zahl Schwierigkeiten, mit einer Bevölkerung fertigzuwerden, die außer Steinen, Schleudern und manchmal Molotowcocktails keine Waffen hat? Hat nicht die israelische Armee oft bewiesen, daß sie im Austeilen nicht zimperlich ist und scharfe Munition, Gummigeschosse und Tränengas gegen Zivilisten ebenso einsetzt, wie sie bereit ist, ihnen die Knochen zu brechen?

Die Antwort muß in zwei Umständen gesucht werden. Der eine ist die Zusammensetzung und Vorbereitung der israelischen Armee. Sie besteht zum großen Teil aus Rekruten und Reservisten, die ausgebildet und innerlich vorbereitet sind für den Kampf gegen eine feindliche Armee. Sie werden hier gegen eine unbewaffnete, aber hochmotivierte Zivilbevölkerung ins Feld geführt. Ihre Instruktionen sind so vage, daß sie nicht wissen, wann sie schießen sollen, schießen dürfen, schießen müssen (»ich verwette meinen Kopf gleich sechsmal, wenn irgend jemand von uns verstanden hat, wann man schießen darf und wann nicht«, sagte ein Reservist, *Der Spiegel* 14/88). Und schließlich wissen sie, daß es eine klare *politische* Antwort Israels auf die Intifada nicht gibt. Das erzeugt Unsicherheit. Daß umgekehrt die Palästinenser sich ihrer Sache sehr sicher sind, vermehrt die Unsicherheit. Eine solche Armee kann auf Befehl brutal sein, Knochen brechen, unnötig schnell schießen. Manchen Soldaten mag das sogar Spaß machen. Eine solche Armee tut sich aber schwer, Schlachten zu gewinnen. Und um Schlachten handelt es sich hier, bei aller Begrenztheit der Mittel.

Und diese Begrenztheit der Mittel ist der zweite Umstand, der die Schwierigkeiten der Armee erklärt. Bei aller Brutalität, bei allem ungerechtfertigten Schußwaffengebrauch gibt es in den regulären Armee-Einheiten Barrieren gegen den allzu massiven Einsatz tödlicher Waffen gegen Zivilisten. Die Palästinenser wissen das. Sie wissen aber auch, daß diese Barrieren sofort fallen würden, wenn sie selbst tödliche Waffen einsetzten. So handeln sie klug und geschickt, indem sie auf den Gebrauch von tödlichen Waffen – zu denen sie manchmal durchaus Zugang haben – verzichten. Dagegen setzen sie Steine, Schleudern, Molotowcocktails, großes persönliches Engagement und geschickte Taktik ein. Sie wissen, wie verhaßt den meisten Soldaten die »schmutzige« Unterdrückungsarbeit in den besetzten Gebieten ist, und sie wollen sie ihnen so drückend wie möglich machen. Sie wollen sie aber nicht zum Einsatz all ihrer Mittel, all ihrer Waffentechnologie und all ihrer Entschlossenheit provozieren. So finden erbitterte Schlachten statt, aber die Mittel sind auf beiden Seiten begrenzt. Die Ausstattung der Armee ist natürlich ungleich besser, aber die Palästinenser machen vieles davon durch große Entschlossenheit und geschickte Taktik wett. Es geht ihnen ja auch um mehr als den Soldaten, so sehr sich Schamir auch bemühen mag, diesen einzureden, sie kämpften um ihre Existenz.

So sind denn diese Schlachten keineswegs immer von vornherein zugunsten der Armee entschieden. Das taktische Geschick der Palästinenser und ihren bewußten Verzicht auf Waffengebrauch zeigt auch folgende Episode aus dem Idna-Tagebuch:

> Am Abend schlug die Armee ein Lager im Zentrum des Dorfs auf. Trotz der Ausgangssperre wies das Kampfkomitee Jugendliche an, die Armee in Scharmützel am Rand des Dorfs zu verwickeln, um sie aus ihren Zelten zu locken. Als die meisten Soldaten das Lager verlassen hatten, griff eine andere Gruppe die Zelte an, nahm Armeeausrüstung und Kleider, ließ aber die Waffen liegen.
>
> Als die Soldaten zurückkehrten und sahen, was passiert war, bauten sie ihre Zelte ab und verließen das Dorf, wobei sie in die Luft schossen. (*Facts* 7)

Diese Taktik haben die Palästinenser bisher mit großer Konsequenz mit großem Erfolg angewandt. Sie können damit relativ große Armee-Einheiten binden, sie aufhalten, moralisch anschlagen und lächerlich machen. Sie erhoffen sich davon eine langfristige Wirkung auf die israelische Gesellschaft. Gleichzeitig stehen sie allgemein als unbewaffnete Zivilisten da, die vor allem eine politische Botschaft – Ablehnung der Besatzung – ausdrücken wollen.

Reife, Realismus und Nüchternheit stellt man auch fest, wenn man sich andere Aspekte der Organisierung der Intifada oder überhaupt das Verhalten vieler Palästinenser heute anschaut und es mit früheren Eindrücken vergleicht. In kurzer Zeit hat die Intifada ein ungeahntes Maß an internationaler Aufmerksamkeit auf sich gezogen. Das macht die jungen Leute, die in ihr eine so große Rolle spielen, stolz, aber es macht sie nicht trunken. Nüchtern schätzen sie die Lage ein, und nüchtern berichten sie auch von ihren Aktionen und der Unterdrückung durch die Armee. Frappierend wird diese Nüchternheit, wenn man die Krankenhäuser besucht und die direkten Opfer der Unterdrückung befragt. Sie, die allen Grund hätten, erregt und haßerfüllt zu sein, lassen wenig von solchen Gefühlen spüren. Sie berichten vielmehr knapp und trocken, ohne jede Großsprecherei, was mit ihnen geschehen ist. Oft muß man nach Einzelheiten fragen, müssen Umstehende die Hintergründe erläutern. Individueller Haß oder Rachedurst wird selten geäußert, dafür aber eine große Entschlossenheit, den Kampf fortzusetzen.

Vergleicht man solche Äußerungen mit den Eindrücken vergangener Jahre, fällt die Veränderung ins Auge. Früher geschah an praktischen Aktivitäten gegen die Besatzung nicht sehr viel. Dafür wurde viel geredet, in blumiger, ausschmückender, übertreibender Sprache. Die Zielvorstellungen waren unrealistisch. Wo sie überhaupt genauer festgelegt wurden, umfaßten sie nicht weniger als die Befreiung ganz Palästinas. Der praktischen Hoffnungslosigkeit entsprach Maßlosigkeit in den Ansprüchen. Heute, nachdem eine gewisse Hoffnung wiedergewonnen wurde, kalkuliert man die Ansprüche genauer. In aller Regel sagen die Palästinenser in den besetzten Gebieten heute, daß sie einen eigenen Staat in diesen Gebieten, also an der Seite Israels, wollen. Sie wissen genau um die Stärke Israels und darum, daß man diesen Staat nicht beseitigen kann. Auch die vereinigte Führung legt die Hauptbetonung auf das Ziel des unabhängigen Staats. Wo sie sich offiziell äußert – also etwa in ihren Aufrufen – fügt sie allerdings die Forderung nach dem Recht auf Selbstbestimmung und auf Rückkehr hinzu – sie will auf keinen Fall die Verbindungen zur Diaspora abreißen lassen.

Auch die *Informations- und Propagandaarbeit* zeigt eine deutliche Verbesserung der Qualität. In der Vergangenheit waren die

Palästinenser von vielen Seiten vor allem in zwei Gestalten dargestellt worden: als wehrlose, passive Opfer der Geschichte und als bewaffnete Kämpfer – je nach Perspektive als Terroristen oder Helden. Diese Motive hatte auch die palästinensische Propaganda selber stark in den Vordergrund gestellt. Die präzise, zutreffende Darstellung der Realität war darüber vernachlässigt worden. Wenn die Intifada irgendetwas erreicht hat, dann ist es die Widerlegung dieses Bildes von den Palästinensern, und ihre eigene Informationspolitik hat damit Schritt gehalten. Sie ist einer der Aspekte, denen die Intifada besonderes Augenmerk gibt. Auf den verschiedenen Ebenen wurden Informationskomitees gebildet, die recht brauchbares Material herausgeben und versuchen, es an die Journalisten oder überhaupt an die Öffentlichkeit zu bringen. Die in diesem Buch schon mehrfach zitierten *Facts* und *Press Releases* sind Produkte solcher Komitees. Sie enthalten eine möglichst genaue Chronologie der laufenden Ereignisse, sonstige wichtige Informationen und von Fall zu Fall Hintergrundanalysen. Diese Materialien sind in einer nüchternen Sprache geschrieben, aussagekräftig und »auf den Punkt«. Ich habe keinen Zweifel, daß hier die Dinge so berichtet werden, wie sie die Rechercheure ermitteln, ohne daß etwas hinzugelogen oder beschönigt würde. Solche realitätsnahen Informationen helfen natürlich der Sache, der sie dienen sollen, viel mehr als aufgebauschte Geschichten. Kläglich nimmt sich demgegenüber die Informationsarbeit der Armee aus, von der der Angestellte einer Nachrichtenagentur sagte:

> Der Sprecher der Armee hat bei der Behandlung dieser ganzen Episode bisher miserable Arbeit geleistet, und ihr Ansehen ist für immer beschädigt. Sie sagen dir andauernd, daß die Dinge untersucht werden, wo du verdammt genau weißt, daß sie überhaupt nichts überprüfen. (*Guardian Weekly* 8/138)

Ganz weite Kreise der Bevölkerung, die nie politisch organisiert waren und es auch heute nicht sind, stimmen der Intifada nicht nur begeistert zu, sondern nehmen aktiv an ihr teil. Organisiert wird diese Teilnahme durch *Volkskomitees.* Es gibt, wie gesagt, die vereinigte Führung des Aufstands. Auf lokaler Ebene gibt es Entsprechungen zu dieser politischen Führung, die sich »Nationalkomitees« oder »Kampfkomitees« nennen. Und es gibt noch eine ganze Reihe von anderen »spezialisierten« Komitees: Wachkomitees, Händlerkomitees, Erziehungskomitees, Versorgungskomitees, Informationskomitees, freiwillige Arbeitskomitees, Landwirtschaftskomitees usw. Manche von diesen Komitees bestanden schon vor der Intifada, die meisten wurden aber in ihrem Verlauf gebildet. Sie entstanden aus der Notwendigkeit, Aufgaben in die Hand zu nehmen, die entweder aus Mängeln im normalen Alltagsleben unter der Besatzung erwachsen oder sich im Zusammenhang mit der Intifada ergeben.

Wachkomitees organisieren z. B. die nächtliche Bewachung eines Dorfs oder eines Viertels, um Überfälle der Armee oder der Siedler rechtzeitig zu melden und sich darauf vorbereiten zu können. Versorgungskomitees organisieren die Sammlung und Verteilung von Geld, Lebensmitteln und anderen wichtigen Gütern an bedürftige Familien, Orte unter Ausgangssperre usw. Das Flüchtlingslager Dschalason stand im März für 20 Tage unter Ausgangssperre, die Versorgungslage wurde kritisch. Auf Initiative der Versorgungskomitees wurde während dieser Zeit in den umliegenden Dörfern Essen für das ganze Lager gekocht und noch warm bei Nacht durch den Belagerungsring der Armee geschmuggelt.

Händlerkomitees diskutieren und koordinieren das Vorgehen der Händler bei Geschäftsstreiks, Steuerverweigerung usw. Alle Schulen in der Westbank waren Anfang des Jahres geschlossen worden. Um dennoch den Kindern eine gewisse Erziehung zukommen zu lassen, bemühten sich Erziehungskomitees, alternativen Schulunterricht zu organisieren. Das klappte in vielen Städten so gut, daß sich die Behörden Anfang Juni genötigt sahen, die Schulen wieder zu öffnen. Landwirtschaftskomitees stellen im Rahmen der Bewegung »zurück aufs Land« Beratung und Saatgut zur Verfügung.

In der einen oder anderen Form nimmt heute die ganze Bevölkerung an der Arbeit dieser Komitees teil oder ist von ihr tangiert. Aus unmittelbaren Notwendigkeiten erwachsen, bilden die Komitees ein Netzwerk, das nach dem Willen derer, die es tragen, permanent werden soll – ein Mittel, das Leben selbst in die Hand zu nehmen und sich Schritt für Schritt von der Abhängigkeit von Israel loszulösen.

Eine der nötigsten und gleichzeitig erfolgreichsten Basisorganisationen sind die Komitees für medizinische Hilfe und ihre Dachorganisation, die »Vereinigung der palästinensischen medizinischen Hilfskomitees«. Schon in den späten 70er Jahren gegründet, hatten sie versucht, eine Antwort auf die miserable Situation des Gesundheitswesens unter der Besatzung zu finden und eine Alternative zu den Konzepten internationaler Hilfsorganisationen, aber auch mancher palästinensischer Kreise zu zeigen – eine Alternative, die auf der Einbeziehung der Bevölkerung selbst in die Gesundheitsvorsorge beruht. Das hatte schon damals ziemlichen Erfolg. Mit der Intifada kamen enorme Aufgaben auf die »Vereinigung« zu. Sie selbst stellt das so dar:

Die Vereinigung der palästinensischen medizinischen Hilfskomitees hat während des Aufstands eine doppelte Aufgabe: die Behandlung von Leuten mit normalen Beschwerden, die wegen der Ausgangssperren etc. keine Institution aufsuchen können, und die Behandlung von Verletzten. Die Vereinigung war auf eine so langdauernde und intensive Notfall-Inanspruchnahme nicht vorbereitet und braucht dringend Geld. ... Wegen der Bedürftigkeit ihrer Patienten hat die Vereinigung ihre Dienste völlig kostenlos geleistet, und das vergrößert ihre finanziellen Schwierigkeiten. ... Das derzeitige Mobilisierungsniveau der Bevölkerung in den besetzten Gebieten schafft ständig neue Bedingungen für Gesundheitsarbeit und -erziehung und stellt neue Herausforderungen, auf die die Vereinigung Antworten finden will. Die Arbeit der Vereinigung ist nicht bloß der Versuch, dem aktuellen Notstand beizukommen, sondern sie schafft damit auch die Grundlagen für ein wirksames medizinisches Versorgungsnetz in der Zukunft. Das Blutuntersuchungs- und -registrierungsprojekt z. B., das entstand, als Mitglieder der Vereinigung Hunderte von Freiwilligen zum Blutspenden strömen sahen, wenn Schußverletzungen durch die Armee gemeldet wurden..., zielt auf die Sammlung und Computerisierung der Daten von 40 000 Leuten in zwei Monaten. ... Dieses Programm dürfte das Blutspendeproblem für die nächsten zehn Jahre lösen. ... Die Schaffung und Stärkung unabhängiger palästinensischer Strukturen ist ein integraler Bestandteil des Aufstands. (*Health and the Palestinian Uprising*, S. 6)

Israel hatte diese Komitees lange ignoriert. Inzwischen hat es aber erkannt, wie gefährlich sie seiner Herrschaft werden können. Mitte August 1988 wurden die Volkskomitees daher verboten und seither zur Hauptzielscheibe der Unterdrückungspolitik gemacht (siehe die Analyse im Anhang).

Jenseits aller feministischen Rhetorik: Die Rolle der *Frauen* in der Intifada kann kaum überschätzt werden. Man sieht im allgemeinen nur einen kleinen Teil davon, nämlich ihre Teilnahme an den Aktionen auf der Straße. Auch dieser Teil ist beträchtlich, und manches davon stellt einen klaren Bruch mit der traditionellen Rolle der Frau dar (und man sollte die Kräfte, die die

Frauen auch heute noch in diese Rolle hineinzwängen, nicht unterschätzen!). Frauen und Mädchen nehmen an Demonstrationen und Steinwurfaktionen teil, sie machen eigene Demonstrationen und beteiligen sich sehr aktiv an der Verteidigung der Häuser und am Verstecken von Demonstranten. Eine gern erzählte Geschichte ist die von dem Jungen, der auf der Flucht vor Soldaten in ein ganz fremdes Haus lief. Die Hausfrau zog ihn nackt aus, stellte ihn in einen Bottich und begann ihn zu waschen. Die eindringenden Soldaten konnten sich nicht vorstellen, daß er jemand anders als ihr Sohn sein könne.

Wenn Frauen demonstrieren, gibt es normalerweise stärkere Hemmungen, physische Gewalt gegen sie einzusetzen, als es bei Männern der Fall wäre. Stattdessen versuchen die Soldaten oft, demonstrierende Frauen mit ordinären Redensarten zu demütigen. Bei einer Frauendemonstration in Abu Dis rief einmal ein Soldat den Frauen zu: Wenn wir euch festnehmen, machen wir nicht das, was wir mit den Männern machen. Mit euch machen wir etwas anderes! Eine der Frauen, die ihm am nächsten standen, riß ihre Bluse auf, entblößte ihre Brüste und schrie: »Meinst du das?« Der Soldat schreckte zurück und verstummte.

Aber das ist bei weitem nicht der wichtigste Aspekt der Teilnahme von Frauen an der Erhebung und an der gesellschaftlichen Reorientierung, die mit ihr verbunden ist. Über die anderen, weniger sichtbaren Aspekte wissen wir leider sehr wenig. Auch die Frauenorganisationen selber tendieren dazu, die Teilnahme von Frauen an den öffentlichen Aktivitäten zu betonen – vielleicht als Indikator für Emanzipation. Sie stellen überdies die Teilnahme der Frauen oft so dar, als geschehe sie nur in Funktion der Teilnahme von Männern und ansonsten nicht unterschieden von dieser – womit wiederum Männer zum Dreh- und Angelpunkt des Lebens gemacht werden:

> Die Teilnahme von Frauen an der neuerlichen Erhebung ist umfassend, direkt und aktiv. Sie marschieren in jedem Aspekt des Kampfs Seite an Seite mit ihren Vätern, Männern und Söhnen. Ihre Teilnahme geht über alle Alters- und Klassengrenzen hinweg; Familien- und Parteiquerelen sind weggewischt worden. Sie sind eine Einheit geworden, ebenso, wie das palästinensische Volk eine Einheit geworden ist – durch Leiden und eine gemeinsame Sache. (*Palestinian Women's Role in the Uprising*, S. 1)

So verständlich im arabischen Kontext der Wunsch ist, Emanzipation durch Angleichung zu betonen: Diese Äußerung wird der wirklichen Rolle der Frauen nicht gerecht. Sie ist eben nicht die gleiche wie die der Männer, aber in vieler Hinsicht wichtiger als diese. Soziale Umschichtungen, die kurz- oder langfristige Arbeitsaufnahme vieler Männer außerhalb des Wohnorts und andere Entwicklungen haben den Frauen zunehmend verantwortlichere Plätze in der Gesellschaft zugewiesen. Ein Indiz dafür ist die Verlagerung des Schwerpunkts der Frauenorganisationen selbst: Waren sie früher meist »wohlanständige« Wohltätigkeitsorganisationen ohne weitere Ansprüche, so spielen heute die Frauenkomitees die Hauptrolle, die ausgesprochene Basisorganisationen mit sozialem Programm sind. Auf diesem Feld – Basisorganisationen von Frauen – waren die Versuche der politischen Gruppen, Massenorganisationen zu schaffen, am erfolgreichsten. Über die soziale Rolle der Frauen in der gegenwärtigen Erhebung wissen wir bisher viel zu wenig, um sie präzise beschreiben zu können. Alles deutet aber darauf hin, daß sie ganz erheblich ist.

Mit der Intifada scheint ein *Wertewandel* in der palästinensischen Gesellschaft einherzugehen. Ihr stark ausgeprägter Individualismus wird abgeschwächt. Kollektive Arbeit findet in nie gekanntem Ausmaß statt, Solidarität und gegenseitige Hilfe werden betont. Die Bedingungen des Aufstands, aber auch die bewußte Reorientierung des Lebens erlauben nicht mehr die Zurschaustellung und den Konsum von Luxusgütern, die für viele wohlhabende Palästinenser typisch waren. Gab es z. B. noch im vergangenen Jahr in Ramallah ein regelrechtes Paradieren der neuesten und teuersten Autos, so schämen sich jetzt manche Leute, diese Straßenkreuzer auszufahren, und nehmen lieber die bescheideneren Zweitwagen ... Rauschende Feste finden nicht mehr statt. Die Restaurants sind abends geschlossen. Sogar die großen Festtage, wie das Fastenbrechen nach dem Ramadan, sollen laut Aufruf der vereinigten Führung in bescheidenem Rahmen begangen werden. Bassam Schakaa, der frühere Bürgermeister von Nablus, kommentierte den Wertewandel und die Verhaltensänderung so:

Vielleicht war unser Volk früher nicht dazu bereit. Vielleicht hat sich unsere Bevölkerung früher um ihre Autos und die Marke ihrer Schuhe gekümmert. Nun weiß sie, daß das eine Sackgasse für die Zukunft ist. Jetzt bepflanzen die Leute ihre Gärten, bebauen das Land. Ich zum Beispiel besitze viel

Geld, ich könnte genauso weiterleben wie früher. Aber jetzt gebe ich nur noch ein Drittel dessen aus, was ich früher ausgegeben habe. (*die tageszeitung*, 13. Mai 1988)

Mit einem Wort: In den vergangenen 20 Jahren waren die Palästinenser – unabhängig von ihrer *Haltung* zur Besatzung – in ihrem praktischen Leben sehr weitgehend von Israel abhängig gewesen. Nun verlassen sie sich stärker auf sich selbst und aufeinander, knüpfen das Gewebe ihrer Gesellschaft wieder enger und versuchen so, die Abhängigkeit von Israel zu verringern.

Wie aber soll es mit der Intifada weitergehen? Die allgemeine Richtung ist klar, sie ist auch unumstritten: möglichst weitgehende *Abkopplung von Israel.* Was nicht so klar und unumstritten ist, sind die einzelnen Schritte, die man auf diesem Weg tun sollte.

Einige Maßnahmen beim Abbrechen der Brücken zu Israel sind durchgeführt worden. Fast alle arabischen Polizisten haben ihre Jobs aufgegeben, ebenso viele Angestellte der Steuer- und Zollbüros. Viele der ernannten Bürgermeister sind zurückgetreten, der Einfluß der Kollaborateure beschnitten, das Spitzelwesen zerstört. Auf der anderen Seite ist klar, daß man weder die Arbeit in Israel total boykottieren noch völlig auf israelische Warenlieferungen und Dienstleistungen verzichten kann. In einem dritten Bereich ist die Lage nicht so klar: in den Beziehungen der einzelnen Bürger zu den Behörden. Diese machen viele Genehmigungen (Ausreise, Ausfuhr, Einfuhr, Führerschein, Autozulassung, Baugenehmigung, Familienzusammenführung ...) davon abhängig, daß man die Steuern und anderen Abgaben bezahlt hat, daß man das O.K. vom Geheimdienst bekommt, daß man sich seinen Stempel hier und seine Bescheinigung da holt, kurz, daß man sich dem Ritual unterwirft – eine sehr verhaßte Angelegenheit. Eine oft gehörte und populäre Parole in der Intifada ist daher *völliger ziviler Ungehorsam* – Boykott aller Besatzungsbehörden. Ob sich ein solches Verhalten konsequent durchhalten ließe, ist fraglich. Es wurde z. B. zur Steuerverweigerung aufgerufen, aber dann gestattete man Ausnahmen, damit die Fabriken weiterarbeiten konnten. Gewisse Teile der Bevölkerung sind zur Weiterführung ihrer Existenz auf Genehmigungen angewiesen. Hier steht der einzelne den Besatzungsbehörden allein gegenüber, und das bringt die

Gefahr einer Schwächung der Geschlossenheit mit sich, wenn die Führung ihre Parolen nicht sehr genau abwägt und kalkuliert, was realistischerweise in einem gegebenen Moment durchsetzbar ist.

Bisher scheinen größere Differenzen und Abbröckelungen der Kampffront vermieden worden zu sein. Im Gazastreifen ordneten die israelischen Behörden den Austausch aller Personalausweise an – wohl zwecks Kontrolle und um die Steuerverweigerungsbewegung zu brechen. Die vereinigte Führung rief zum Boykott dieser Aktion auf, und der Aufruf wurde auch weitgehend befolgt. Daraufhin zog die Armee blockweise durch die Lager und sammelte die alten Ausweise mit Gewalt ein. Man braucht aber unbedingt seinen Ausweis, wenn man z. B. zur Arbeit nach Israel fahren will. Also holen sich jetzt viele Bürger neue Ausweise, aber eben nur gezwungenermaßen, und die Aktion geht sehr schleppend vor sich. Der totale Boykott war hier nicht erfolgreich, aber ein Ziel war erreicht: Es wurde klar, daß den Leuten die neuen Ausweise nur mit Gewalt aufgezwungen werden können. In Beit Sahur, einem Dorf, in dem der zivile Ungehorsam weit entwickelt ist, wurden in einer Razzia Händler zusammengetrieben und in einem improvisierten »Finanzamt« mit Gewalt zur Zahlung der Steuern gezwungen (diese Methode der Steuereintreibung war in dieser Gegend auch unter den Osmanen üblich: »Der Gouverneur von Damaskus holte die Steuern in einer jährlichen Expedition (Daura) ab oder versuchte es zumindest«, Schölch, *Palästina,* S. 166). Daraufhin gaben 1 300 Leute ihre Ausweise demonstrativ den Behörden zurück.

Selbst wenn die spetakuläre Militanz, die Zahl der gewaltsamen Zusammenstöße usw. zurückgehen mögen: Wichtiger sind die neugewonnenen Strukturen, die Reorientierung der ganzen Gesellschaft. Sie sollen die Leute befähigen, auch einen langen Kampf durchzustehen. Immer wieder hört man auch die Meinung: Wir können jetzt nicht mehr zurück, die Aufgabe des Kampfs wäre eine vernichtende Niederlage, darum müssen wir weitermachen, welche Opfer es auch kostet. Die Entschlossenheit ist also da. Und sie wird auch nötig sein, denn daß Israel sich alsbald und leichten Herzens aus den besetzten Gebieten zurückzieht, steht nicht zu erwarten.

Folgen und Perspektiven der Intifada

Zur zweiten Auflage

Hat die Intifada die Perspektiven einer Lösung oder Entschärfung des Palästinakonflikts verändert? Was hat sich auf diesem Gebiet schon getan? Was kann man weiter erwarten?

Der Gegensatz der beiden Hauptkontrahenten war ja in den letzten Jahren außerordentlich festgefahren, und keine Überbrückung schien möglich: Keine vorhandene oder realistisch denkbare israelische Regierung war bereit, auch nur annähernd alle 1967 besetzten Gebiete wieder herauszurücken; keine palästinensische Führung konnte viel weniger als das akzeptieren – und auch kein arabischer Staat konnte das. Die inhaltliche Kluft war also schon breit genug. Darüber hinaus verhinderten aber Israel und die USA durch bestimmte Vorgaben, daß die Beteiligten überhaupt in einen Prozeß eintraten, in dessen Verlauf man über die Gegensätze hätte reden können: Israel weigerte sich, mit der PLO zu sprechen und einen Palästinastaat ins Auge zu fassen, und auch die USA hatten sich gegenüber Israel auf diese Position verpflichtet, solange die PLO nicht Israel anerkannte und auf Terrorismus verzichtete.

Die PLO-Führung wollte seit langem auf eine Zwei-Staaten-Regelung hinaus und hatte dabei auch eine solide Mehrheit in den eigenen Reihen. Sie stand aber vor einem Dilemma: Wenn sie auf die von den USA geforderten Vorbedingungen einging, brachte sie die irredentistische Minderheit unter den Palästinensern auf die Barrikaden und gefährdete damit die Einheit der PLO. Es war aber nach Lage der Dinge nötig, mit den USA ins Geschäft zu kommen, denn nur sie konnten genügend starken Druck auf Israel ausüben, um auch dieses zur Kompromißbereitschaft zu bewegen.

Die PLO-Führung versuchte das Problem zu lösen, indem sie auf der jordanischen Schiene fuhr. Seit 1982 versuchte Arafat, sich Jordanien anzunähern, und zeigte sich gegenüber den USA sehr konzessionsbereit. Er strebte die Bildung einer gemeinsamen jordanisch-palästinensischen Delegation für Friedensverhandlungen an. Deren palästinensische Mitglieder sollten von der PLO gutgeheißen werden, ihr aber nicht angehören. Damit wollte man die palästinensische Präsenz in Verhandlungen sicherstellen, aber gleichzeitig die Anti-PLO-Klausel der USA umgehen. Diese Schritte stießen bei vielen Palästinensern auf Widerstand; sie waren einer der Gründe für die defacto-Spaltung der PLO 1983/84.

Letzten Endes mißlang diese Initiative: Den Jordaniern gingen Arafats Konzessionen nicht weit genug – sie kündigten das 1985 zwischen beiden Parteien geschlossene Abkommen nach einem Jahr offiziell auf. Beim 18. Palästinensischen Nationalrat im April 1987, der die Einheit der PLO wiederherstellte, wurde auch Arafat gezwungen, das Abkommen zu widerrufen. Damit hatte sich der Umweg über Jordanien als Sackgasse erwiesen.

Der direkte Weg – Anerkennung der PLO als Verhandlungspartner und damit auch Anerkennung des palästinensischen Selbstbestimmungsrechts – schien aber, obwohl einzig gangbar, nicht durchsetzbar zu sein. Das israelische und das amerikanische Veto blieben stehen; die Chance, die verhärteten Fronten aufzubrechen, schien geringer als je. Die PLO-Führung, einer Zwei-Staaten-Regelung durchaus verpflichtet, wurde durch die Rücksicht auf die irredentistischen Kräfte in den eigenen Reihen daran gehindert, die Konsequenzen daraus zu ziehen, die amerikanischen Vorbedingungen zu erfüllen und damit den Ball ins israelische Feld zu spielen.

Die Intifada hat nun, abgesehen von ihren Auswirkungen im Inneren, auch regional und international mehrere Gegebenheiten des Palästinakonflikts entscheidend verändert. Sie hat einmal die Dringlichkeit des Problems erneut unterstrichen und es dadurch auf der Tagesordnung verschiedener Akteure weit nach oben gerückt. Sie hat zweitens allen Beteiligten klargemacht, daß die PLO die Palästinenser der besetzten Gebiete vertritt. Sie hat drittens die Beziehungen der Leute in den besetzten Gebieten zur PLO-Führung enger gemacht und das Gewicht der besetzten Gebiete für die PLO sehr vergrößert. Und sie hat viertens dieses vergrößerte Gewicht des »Innen« dazu benutzt, die PLO-Führung zur Eindeutigkeit und Konsequenz in ihren Äußerungen und Schritten zu nötigen.

Das hatte verschiedene Folgen. Die arabische Gipfelkonferenz im Herbst 1987 hatte die Palästinafrage weitgehend ignoriert – die im Juni 1988 stand ganz im Zeichen der Intifada. Am 31. Juli 1988 verkündete der jordanische König die völlige administrative und rechtliche Loslösung der Westbank von Jordanien und überließ die Verantwortung für sie der PLO – ein politischer Sieg der Intifada und der Palästinenser, wenn es sie auch praktisch vor große Probleme stellte.

Die wichtigste Konsequenz war aber die, die sich aus dem neuen Verhältnis zwischen der Bevölkerung der besetzten Gebiete – unmittelbar repräsentiert durch die »vereinigte nationale Führung« – und der PLO-Führung ergab. Die Kräfte, die die Intifada tragen, sehen sich bekanntlich nicht losgelöst von der PLO, sondern als deren integraler Bestandteil. International politisch agieren kann aber für sie aus den oben (S. 58) angedeuteten Gründen nur die PLO-Führung im Exil. Nun gab es von der vereinigten nationalen Führung klare Signale an die PLO-Führung, sie solle alle bei ihr liegenden Hindernisse für eine neue Bewegung im Nahostkonflikt wegräumen. Das hieß vor allem, die politischen Absichten der PLO klar zu formulieren und alle bis dahin beibehaltenen Vagheiten und Zweideutigkeiten zu beseitigen. Gemeint war wohl auch – obwohl das nicht so deutlich gesagt wurde –, die PLO solle den Vorbedingungen der USA für die Aufnahme von Kontakten möglichst entgegenkommen.

Die PLO-Führung entsprach dieser Aufforderung – in kleinen, vorsichtigen Schritten, deren Wirkung sie jeweils abwartete: Im Juni 1988 brachte ein Berater Arafats das sogenannte Abu-Scharif-Dokument in Umlauf, das sehr klar eine Zwei-Staaten-Regelung auf der Grundlage der UN-Resolutionen 242 und 338 fordert. Im September 1988 sprach Arafat bei seinem Besuch im Europäischen Parlament deutlicher als je zuvor die Bereitschaft der PLO aus, Israel auf der Basis der Gegenseitigkeit anzuerkennen. Bei der 19. Tagung des Palästinensischen Nationalrats (12.-15. November 1988) in Algier rief die PLO einen unabhängigen palästinensischen Staat mit Jerusalem als Hauptstadt aus. Sie bezog sich dabei ausdrücklich auf die UN-Resolution 181, die Teilungsresolution vom November 1947, die einen jüdischen und einen arabischen Staat in Palästina vorsah. Das bedeutet die Inanspruchnahme arabischer Staatlichkeit in Palästina bei gleichzeitiger prinzipieller Anerkennung der jüdischen. Noch weiter ging der Nationalrat in seiner politischen Erklärung: Sie enthält einen Friedensplan unter ausdrücklicher Berufung auf die UN-Resolutionen 242 und 338 – bei gleichzeitiger Einforderung der nationalen Rechte der Palästinenser – und eine Absage an den Terrorismus. Nachdem die US-Regierung signalisiert hatte, daß ihr all das noch nicht deutlich genug war (gleichzeitig vollzog sich das unwürdige Schauspiel der Verweigerung eines US-Visums für Arafat, wodurch die Palästinadebatte der UN-Vollversammlung nach Genf verlegt werden mußte), wurde Arafat in einem Treffen mit jüdischen Führern in Stockholm, in seiner Rede vor der Vollversammlung und in einer anschließenden Pressekonferenz noch deutlicher. Unmittelbar darauf folgte die Entscheidung der USA, von ihrer mehr als 13jährigen Praxis abzugehen und wieder offizielle Kontakte mit der PLO aufzunehmen.

Diese Schritte der PLO-Führung wurden von vielen Palästinensern – vor allem im Exil – scharf kritisiert. Sie stießen aber bei den politischen Kräften in den besetzten Gebieten auf ganz überwiegende Zustimmung, die auch stets deutlich ausgesprochen wurde. Das läßt sich vielfach dokumentieren – hier nur ein Beispiel. In ihrem ersten Aufruf nach der Nationalratssitzung sagte die vereinigte nationale Führung u. a. folgendes:

> Der Palästinensische Nationalrat hat die Einberufung einer internationalen Konferenz auf der Grundlage der UN-Resolutionen 242 und 338 gefordert, bei gleichzeitiger Bekräftigung des Selbstbestimmungsrechts des palästinensischen Volks. Diese Position demonstriert den Wunsch unseres Volks nach einem gerechten und umfassenden Frieden und reflektiert die Haltung der Palästinenser zur Lösung regionaler Konflikte, die auf internationaler Legitimität beruht. (Aufruf Nr. 29, 20. November 1988)

Das war keine grundlegende Änderung in den *Inhalten* palästinensischer Politik. Dennoch war es eine schwerwiegende und schmerzliche Entscheidung. Es bedeutet ja – zum ersten Mal so offen ausgesprochen – den Verzicht der Palästinenser auf den Teil des Landes, der ihnen schon 1948 verlorengegangen war, wenn sie dafür wenigstens in der Westbank und im Gazastreifen, d. h. auf 23% des Territoriums von Gesamtpalästina, einen eigenen Staat bekommen. Es bedeutet weiter das Überbordwerfen liebgewordener *Symbole*, die gleichsam zu Markenzeichen palästinensischer Politik geworden waren, wie die Ablehnung der Anerkennung Israels und die Ablehnung der UN-Resolution 242, in der von den Palästinensern nur als »Flüchtlingsproblem« die Rede ist. Die Trennung von diesen Symbolen, an die man sich gerade in Zeiten der Schwäche geklammert hatte, war nicht leicht. Sie war nur möglich, weil die Intifada den Palästinensern ein neues Gefühl der Stärke, ein neues Selbstbewußtsein gegeben hatte. Nur auf dieser Grundlage konnte die Führung dem Nationalrat ganz offen die Frage nach der Abschaffung der genannten Symbole vorlegen. Sie wurde heftig diskutiert und dann zur Abstimmung gebracht. Die politische Erklärung mit der entsprechenden Passage wurde mit 253 gegen 46 Stimmen bei 10 Enthaltungen angenommen – ohne daß es darüber zu einer Spaltung der PLO gekommen wäre. Damit war die Manövrierfähigkeit der PLO erheblich vergrößert, ihre Friedensbereitschaft deutlicher als je dokumentiert.

Trotz der Erschütterung durch die Intifada, trotz der Tatsache, daß durch sie die Besatzung vielen Israelis erstmals als das Problem erscheint, das sie ist, ist die Bereitschaft und Fähigkeit des offiziellen Israel zu einem Friedensschluß nicht größer geworden. Die erneute Bildung einer großen Koalition nach den Wahlen vom letzten Jahr ermöglicht die Fortsetzung der alten Politik: nur Unterdrückung als Reaktion auf die Intifada, keinerlei Bewegung auf der politischen Ebene. Auf die neuen Schritte der PLO reagierte die israelische Regierung nur abwehrend, indem sie sie – in teilweise hysterischem Tonfall – als reine Propagandamanöver abtat. Verschiedene Pläne für Kommunalwahlen in den besetzten Gebieten wurden von israelischer Seite ins Spiel gebracht, ein Friedensplan angekündigt – wohl ein Versuch, Zeit zu gewinnen und den Palästinensern eine Lösung unterhalb der Eigenstaatlichkeit schmackhaft zu machen. All das zeugt, ebenso wie die heftige Reaktion auf den Dialog USA-PLO und die Versuche, Europa von jedem Engagement in Richtung auf einen Nahostfrieden abzuhalten, von der tiefen Verunsicherung Israels. Diese hat aber noch nicht dazu geführt, daß man den einzig gangbaren Weg aus der Krise: einen Kompromiß mit den Palästinensern und ihrer Vertretung, der PLO, anzustreben, ernsthaft ins Auge faßt. Sicher gibt es vor allem in der Arbeiterpartei Kreise, die diese Notwendigkeit sehen – bis auf Ausnahmen wagen sie es aber nicht, das offen zu sagen. Auch die Arbeiterpartei hat so lange die Parolen: Niemals Verhandlungen mit der PLO! Niemals einen Palästinenserstaat!

verbreitet, daß sie sich nicht in der Lage sieht, davon deutlich Abstand zu nehmen.

Das israelische Publikum hat sich zu sehr und zu lange an den Gedanken gewöhnt, die besetzten Gebiete seien ein integraler Bestandteil Israels. Die Leute aus ihrem »großisraelischen« Traum aufzuwecken, ihnen zu sagen, daß das eine Illusion war, und dann auch die entsprechenden Auseinandersetzungen durchzufechten, erfordert eine Regierung mit großer Einsicht und mindestens ebenso großer Stärke. Eine solche Regierung hat Israel nicht und wird sie wohl auch auf absehbare Zeit nicht haben. Das ist um so tragischer, als die Palästinenser – sowohl die PLO »außen« als auch die Bevölkerung »innen« – niemals eher zu einem Frieden bereit waren, als sie es jetzt sind.

Die Alternative zum Friedensprozeß ist die Beibehaltung des Status quo – und dieser Status quo ist mit der Erhebung für Israel viel kostspieliger geworden. Nun mögen die Amerikaner für die gestiegenen materiellen Kosten bezahlen, solange die politische Großwetterlage so bleibt, wie sie ist. Die moralischen und politischen Folgen sind nicht so leicht aufzufangen. Die Intifada hat die *Polarisierung der israelischen Gesellschaft* vorangetrieben. Auf der einen Seite gibt es den Reflex, mit dem Ansteigen des Widerstands auch die Unterdrückung zu verstärken. Auf der anderen Seite sind viele Israelis – nicht zuletzt in der Armee – unzufrieden, daß die Regierung außer der eisernen Faust keine Antwort auf die Erhebung hat.

Die Reaktion der israelischen Öffentlichkeit ist widersprüchlich; ein klares Bild zeichnet sich noch nicht ab. Es gibt (noch) keine starke Friedensbewegung, wie sie sich etwa während des Libanonkriegs gebildet hatte. Es gibt aber offenbar eine tiefe Malaise, das Gefühl, daß etwas nicht in Ordnung ist. Die Anzeichen für Unzufriedenheit mit der Regierungspolitik und die daraus erwachsenden Aktivitäten sind mannigfach. Man spricht von nicht weniger als 40 Gruppen und Einzelinitiativen, die sich für friedliche Lösungen einsetzen. Die wichtigsten deutlich gegen die Besatzung gerichteten Initiativen sind »Jesch Gwul«, eine Gruppe von Soldaten und Reservisten, die den Dienst in den besetzten Gebieten verweigern, »Ha Schana ha 21« (das einundzwanzigste Jahr der Besatzung) und »Dai la Kibusch« (nieder mit der Besatzung, Adressen im Anhang). Zusätzlich zu den im Parlament vertretenen Parteien, die sich schon früher für

Verhandlungen mit der PLO ausgesprochen hatten (KP und Progressive Liste), tun das seit dem vergangenen Jahr zwei weitere, nämlich Mapam und die Bürgerrechtsbewegung »Ratz«. Die Wahlen vom 1. November 1988 brachten für diese Kräfte eine deutliche Stärkung – ebenso wie für die äußerste Rechte.

Eine Reihe von hohen Offizieren hat öffentlich erklärt, vom militärischen Standpunkt seien die besetzten Gebiete eher eine Belastung für Israel als ein Vorteil. Etliche Demonstrationen haben stattgefunden, davon eine unter der Parole »Zwei Staaten für zwei Völker«. Prominente israelische und palästinensische Intellektuelle haben gemeinsam einen symbolischen Friedensvertrag veröffentlicht. Viele Israelis, die ihren Reservedienst in den besetzten Gebieten abgeleistet hatten, haben ihrem Abscheu über die brutale Unterdrückung lauten und öffentlichen Ausdruck gegeben.

Das alles macht keine Bewegung aus, die in irgendeiner Weise die Realitäten der »großen Politik« ändern könnte. Es ist Anzeichen einer moralischen Krise in Israel, und es ist ein Hoffnungszeichen, daß etwas in Bewegung kommt und das Lager der friedensbereiten Kräfte stärker wird.

Dies ist also die Situation: Die Intifada hat das Problem der Besatzung bzw. ihrer Beendigung scharf gestellt; sie hat das Interesse der Welt und eine gewisse Sympathie für die Belange der Palästinenser geweckt (bis Mitte Februar 1989 haben bereits 97 Staaten den Palästinastaat anerkannt). Die Bevölkerung der besetzten Gebiete ist fest entschlossen, die Intifada trotz aller Opfer und Widrigkeiten bis zum Ende der Besatzung fortzusetzen. Ihr Ziel ist die Errichtung eines palästinensischen Staates unter Führung der PLO *an der Seite* Israels. Die PLO hat sich in Unterstützung dieses Ziels zu neuer Klarheit und Eindeutigkeit durchgerungen und damit ihr politisches Durchsetzungsvermögen vergrößert. Die USA und die EG sind stärker als vorher bereit, sich für eine Lösung unter Einbeziehung der PLO einzusetzen. Das israelische Publikum ist aufgeschreckt und stark polarisiert, viele sind mit der Regierung unzufrieden, aber von einem starken Friedenslager, das in der Lage wäre, Druck auszuüben, kann nicht die Rede sein. Die israelische Regierung ist verunsichert und in die Defensive getrieben, aber in den entscheidenden Punkten nach wie vor kompromißlos.

Es erscheint in dieser Lage aussichtsreicher als jemals zuvor, eine Zwei-Staaten-Regelung nach den Vorstellungen der Palästinenser, die sich in diesem Punkt mit den konsequentesten friedensbereiten Kräften in Israel treffen, durchzusetzen. Es lohnt sich also, für dieses Ziel einzutreten. Allerdings darf man sich angesichts der israelischen Intransigenz nicht einbilden, das sei ein leicht und schnell zu erreichendes Ziel. Es zu erreichen, wird noch viel Zeit und Mühe erfordern. Und es wird der palästinensischen Bevölkerung auch noch viele Opfer abverlangen. Darauf deuten z. B. die neuerdings verschärften Unterdrükkungsmaßnahmen hin. Die vereinigte nationale Führung sagte dazu:

> Angesichts der Eskalation des zionistischen Terrors im vergangenen Monat, der eine nie dagewesene Zahl von Verletzten und Toten forderte, rufen wir die internationale Gemeinschaft auf, ihrer humanitären Verantwortung gerecht zu werden, indem sie sich schnell bemüht, unserer Bevölkerung in den besetzten Gebieten Schutz zu verschaffen. (Aufruf Nr. 32, 9. Januar 1989)

Was kann getan werden? Zweierlei: Einmal sollte man auf jede mögliche Weise, über staatliche und nichtstaatliche Kanäle, auf Israel Druck ausüben, damit es möglichst bald in den Friedensprozeß eintritt und, solange das nicht der Fall ist, so weit wie möglich von seiner mörderischen Praxis in den besetzten Gebieten abgeht. Und zum anderen sollte man die Selbsthilfeprojekte der Palästinenser unterstützen – ganz konkret finanziell unterstützen – die auf die Erleichterung der derzeit furchtbar schweren Lebensbedingungen unter der Besatzung abzielen. In erster Linie kommen hier die Projekte zur medizinischen Selbsthilfe in Betracht.

Die Zwei-Staaten-Regelung kann sicherlich weder *den* Nahostkonflikt noch alle Probleme der Palästinenser lösen; mit ihr werden nicht alle Reibungspunkte aus der Welt geschafft sein. Sie erscheint als der geeignetste Schritt, in einen Friedensprozeß einzutreten und dem Konflikt einiges von seiner Schärfe zu nehmen, und darum sollte man sie unterstützen. Obwohl die Chancen für sie nicht schlecht stehen, gibt es natürlich keine Garantie, daß sie durchgesetzt werden kann. Garantieren kann man nur eins: Wenn dieser Weg *nicht* beschritten wird, wenn also der Status quo andauert, ist Krieg die unvermeidliche Folge.

Anhang

Dokumente

Die 14 Forderungen der Palästinenser

(Vorgestellt auf einer Pressekonferenz in Jerusalem am 14. Januar 1988)

Während der letzten Wochen haben die besetzten Gebiete eine Volkserhebung gegen die israelische Besatzung und ihre Unterdrückungsmaßnahmen erlebt. Diese Erhebung hat bisher schon den Tod von -zig Angehörigen unseres Volks, die Verwundung von weiteren Hunderten und die Einkerkerung von Tausenden von unbewaffneten Zivilisten zur Folge gehabt.

Diese Erhebung hat erneut gezeigt, daß sich unser Volk seinen nationalen Bestrebungen unbeugsam verpflichtet weiß. Diese Bestrebungen umfassen die soliden nationalen Rechte unseres Volks auf Selbstbestimmung und auf die Errichtung eines unabhängigen Staates auf unserem nationalen Boden unter der Führung der PLO als unserer einzigen legitimen Vertretung. Die Erhebung zeigt auch erneut unseren unerschöpflichen Widerstandsgeist und unsere Ablehnung der Verzweiflungsstimmung, die langsam in die Gemüter mancher arabischen Führer einzieht, die behaupten, daß die Erhebung das Ergebnis von Verzweiflung ist.

Man muß aus dieser Erhebung den Schluß ziehen, daß der gegenwärtige Stand der Dinge in den besetzten palästinensischen Gebieten unnatürlich ist und daß die israelische Besatzung nicht ewig fortdauern kann. Wirklicher Frieden kann nur durch die Anerkennung der palästinensischen nationalen Rechte erreicht werden, einschließlich des Rechts auf Selbstbestimmung und die Errichtung eines unabhängigen palästinensischen Staates auf palästinensischem nationalem Boden.

Wenn diese Rechte nicht anerkannt werden, wird die Fortsetzung der israelischen Besatzung zu weiterer Gewalt, weiterem

Blutvergießen und weiterer Vertiefung des Hasses führen. Ebenso wird die Möglichkeit, Frieden herbeizuführen, weiter entschwinden.

Der einzige Weg, uns aus dieser Verwicklung zu lösen, ist die Einberufung einer internationalen Konferenz unter Beteiligung aller betroffenen Parteien einschließlich der PLO, der einzigen legitimen Vertretung des palästinensischen Volks, als gleichberechtigtem Partner, ebenso wie der fünf ständigen Mitglieder des Sicherheitsrats, unter der Aufsicht der beiden Supermächte. Auf dieser Grundlage rufen wir die israelischen Behörden auf, die folgende Liste von Forderungen zu erfüllen, um die Atmosphäre für die Einberufung der vorgeschlagenen internationalen Friedenskonferenz vorzubereiten, die eine gerechte und dauerhafte Regelung des palästinensischen Problems in allen seinen Aspekten sichern und die unveräußerlichen nationalen Rechte des palästinensischen Volks, Frieden und Stabilität für die Völker der Region und die Beendigung von Gewalt und Blutvergießen herbeiführen wird:

1. Beachtung der Vierten Genfer Konvention und aller internationalen Verträge über den Schutz von Zivilisten, ihres Eigentums und ihrer Rechte unter militärischer Besatzung. Nichtigerklärung der Emergency Regulations des britischen Mandats und Beendigung der Politik der eisernen Faust.

2. Sofortige Befolgung der Sicherheitsratsbeschlüsse 605 und 607, die Israel auffordern, die Genfer Konvention von 1949 und die Menschenrechtserklärung zu beachten, und die weiter die Herbeiführung einer gerechten und dauerhaften Regelung des arabisch-israelischen Konflikts fordern.

3. Freilassung aller Gefangenen, die während der jüngsten Erhebung festgenommen wurden, an erster Stelle unserer Kinder. Ebenso Rückgängigmachung aller rechtlichen Schritte und Urteile gegen sie.

4. Aufgabe der Vertreibungspolitik und Erlaubnis für alle ausgewiesenen Palästinenser, zu ihren Heimen und Familien zurückzukehren, einschließlich der vier, die gestern ins Exil geschickt wurden. Ebenso Freilassung aller Administrativhäftlinge und Aufhebung der Hunderte von Hausarrestbefehlen. In diesem Zusammenhang müssen wir die mehreren hundert Anträge auf Familienzusammenführung besonders erwähnen. Wir fordern die Behörden auf, ihnen sofort stattzugeben.

5. Sofortige Aufhebung des Belagerungszustands in allen palästinensischen Flüchtlingslagern in der Westbank und in Gaza, Rückzug der israelischen Armee aus allen Bevölkerungszentren.

6. Eine förmliche Untersuchung des Verhaltens von Soldaten und Siedlern in der Westbank und in Gaza wie auch in Gefängnissen und Internierungslagern. Angemessene Bestrafung all derjenigen, die überführt sind, ungerechtfertigt unbewaffnete Zivilisten getötet oder verletzt zu haben.

7. Einstellung aller Siedlungsaktivität und Landkonfiszierung und Rückgabe der bereits konfiszierten Böden, besonders im Gazastreifen. Ebenso Beendigung der Quälereien und Provokationen der arabischen Bevölkerung durch Siedler in der Westbank, in Gaza und in der Altstadt von Jerusalem. Insbesondere Stop der provokatorischen Aktivitäten Scharons und der ultrareligiösen Siedler von Schuwu Banim und Ateret Kohanim in der Altstadt von Jerusalem.

8. Unterlassung jedes Akts, der die muslimischen oder christlichen Heiligen Stätten beeinträchtigen oder den Status quo in Jerusalem verändern könnte.

9. Aufhebung der Mehrwertsteuer und aller anderen direkten israelischen Steuern, die den palästinensischen Bewohnern in Jerusalem, der übrigen Westbank und Gaza auferlegt werden; Beendigung der Drangsalierung palästinensischer Händler und Handwerker.

10. Aufhebung aller Beschneidungen von politischen Freiheiten, einschließlich der Verbote von Meetings und Versammlungen; Vorbereitung freier Kommunalwahlen unter der Aufsicht einer neutralen Behörde.

11. Sofortige Freigabe aller von den Löhnen der Arbeiter aus den Gebieten, die innerhalb der Grünen Linie gearbeitet haben oder noch arbeiten, einbehaltenen Gelder – ein Betrag von mehreren hundert Millionen Dollar. Diese aufaddierten Abzüge samt Zinsen müssen ihren rechtmäßigen Besitzern zurückerstattet werden, und zwar auf dem Weg über die nationalen Institutionen, vor allem die Gewerkschaften.

12. Aufhebung aller Beschränkungen auf Baugenehmigungen, Genehmigungen von industriellen Projekten, Brunnenbohrungen und landwirtschaftlichen Entwicklungsprogrammen in den besetzten Gebieten. Ebenso Rückgängigmachung

aller Maßnahmen, die getroffen wurden, um die Gebiete ihrer Wasserreserven zu berauben.

13. Beendigung der Diskriminierungspolitik gegen industrielle und agrarische Produkte aus den besetzten Gebieten, entweder durch Aufhebung der Beschränkungen des Warentransfers nach Israel oder durch Auferlegung vergleichbarer Beschränkungen auf den Transfer israelischer Waren in die Gebiete.

14. Aufhebung des Verbots politischer Kontakte zwischen Einwohnern der besetzten Gebiete und der PLO. Das soll es Palästinensern aus den Gebieten erlauben, an den Beratungen des palästinensischen Nationalrats teilzunehmen, um einen direkten Einfluß der Palästinenser unter der Besatzung auf die Entscheidungsprozesse der palästinensischen Nation zu sichern.

(aus: *Journal of Palestine Studies* Nr. 67, S. 63-65)

Raja Schehadeh
Der »Mythos« von Law and Order

Vergangenen Samstag um Mitternacht hörten die Besitzer eines Geschäfts in der Hauptstraße von Ramallah Fensterscheiben klirren. Der Vater und seine vier erwachsenen Kinder gingen zum Geschäft, das ganz in der Nähe ihrer Wohnung liegt. Die Fenster waren eingeschlagen, und es sah so aus, als sei jemand in das Geschäft eingedrungen.

Als sie sich dem Einbrecher näherten, lief er die Treppe hinauf und schloß sich in der Toilette ein. Als sie gerade versuchten, die Tür aufzubrechen, trafen Soldaten ein. Sie drohten damit, den Besitzer des Geschäftes zu erschießen, der unerschrocken versuchte, den Dieb zu stellen. Als Nachbarn dem Ladenbesitzer zur Hilfe eilten, forderten die Soldaten Verstärkung an. Es gelang ihnen, durch Einsatz von Tränengas die Menge zu zerstreuen. Dann nahmen sie den Einbrecher mit und fuhren davon. Die Streitkräfte, Hüter von Recht und Gesetz, retteten so den Gesetzesbrecher und ließen den Ladenbesitzer nicht einmal eine Aussage machen.

Am Tag vor diesem Vorfall hatte die israelische Armee in der Westbank Flugblätter verteilen lassen, auf denen der Bevölkerung folgendes mitgeteilt wurde: »Ihr solltet wissen, daß ihr es seid, die den Preis für die Unruhen bezahlt... Vergiß nie, Bruder, daß die Ereignisse von 1936 und 1948 genauso begonnen haben, und den hohen Preis dafür mußten Generationen von Palästinensern bis zum heutigen Tag bezahlen.« Es gab auch Warnungen aus verschiedenen Richtungen, die sich auf die Konsequenzen des Rücktritts der arabischen Polizisten bezogen. Es ist jedoch nicht überraschend, daß alle, die die lokale Bevölkerung vor einer drohenden Katastrophe nach dem Rücktritt der palästinensischen Polizisten warnen, Israelis sind. Sind die Palästinenser also tollkühn und kurzsichtig, da sie sich durch Abwesenheit einer örtlichen Polizei nicht aus der Ruhe bringen lassen?

Israel hat die Westbank nicht nur mittels seiner überlegenen militärischen Macht regiert, sondern auch durch die ständige Verbreitung von Mythen. Unter diesen Mythen befinden sich einige, die die Israelis als Befreier und Erneuerer darstellen, als jemanden, der der hinterwäldlerischen Bevölkerung höhere liberale Werte vermittelt. Aber der verbreitetste und langlebigste Mythos ist meiner Meinung nach der, der Israel als Beschützer der Palästinenser darstellt.

Die Behauptung, auf der dieser Mythos fußt, ist, daß die Palästinenser in der Westbank Geiseln sind, Geiseln des PLO-Terrors. Israel und seine Sicherheitsstreitkräfte sind die »Erlöser« der Palästinenser. So ist denn auch der Begriff, den israelische Medien in arabisch für palästinensische Freiheitskämpfer benutzen, »Unruhestifter« (im englisch-israelischen Sprachgebrauch »Terroristen«) oder genauer: Leute, die Recht und Gesetz mit Füßen treten. Die Gesellschaft wird in »Normale« und »Abartige« unterteilt. Israel verfolgt die Abartigen, um den anderen zu ermöglichen, normal zu leben. Israel ist der Erlöser der Mehrheit, die von einer Minderheit der Abartigen als Geiseln gehalten werden. Exzesse gegen die Minderheit werden gerechtfertigt, weil sie ein normales Leben für die Mehrheit gewährleisten, dadurch, daß man Recht und Gesetz aufrechterhält.

Dieser Mythos hatte weitreichende Konsequenzen. Ein Großteil der 1 000 Sicherheitsverordnungen, die die geltenden Gesetze verschärfen, werden in ihren Präambeln damit gerechtfertigt, daß sie notwendig seien, um Recht und Ordnung aufrechtzuerhalten. Der oberste israelische Gerichtshof hat viele Entscheidungen in bezug auf die besetzten Gebiete auf der Grundlage getroffen, daß die Erhaltung von Recht und Ordnung und die Verhinderung des Terrorismus die Pflichten des Besatzers nach der Haager Konvention außer Kraft setzen.

Was würde also geschehen, wenn Recht und Ordnung und Sicherheit der Bevölkerung ohne Polizei besser gewährleistet wären? Das würde zur Zerstörung des Mythos beitragen. Überlegene militärische Durchschlagskraft an sich hat nie ausgereicht, dem Unterdrücker die Fortsetzung seiner Herrschaft zu sichern. Man kann sicher sein, daß die Militärbehörden sich sehr darum bemühen werden, der lokalen Bevölkerung klarzumachen, daß es ohne die Gesetzesverschärfung zur Erhaltung von Recht und Ordnung der Gesellschaft sehr viel schlechter gehen würde.

Aber hat die Abwesenheit der Polizei irgendetwas verändert? Die Unzulänglichkeit der Polizeikräfte, den Interessen der lokalen Bevölkerung zu dienen, ist seit vielen Jahren offenkundig. Ich kann mich daran erinnern, daß das bereits seit vielen Jahren diskutiert wird. Ich erinnere mich, vor einigen Jahren selbst mit einem hochrangigen Verantwortlichen des Militärgouverneurs für die Westbank diskutiert zu haben. Seine Antwort war, daß dafür arabische Polizeikräfte verantwortlich seien und daß ein Fehlschlag also nicht von den Israelis zu verantworten sei.

Er wußte es natürlich besser. Die israelischen Behörden wagten nicht einmal das Wort »Polizei« auf arabisch an die Station zu schreiben. Es steht dort lediglich auf hebräisch und englisch. Die Palästinenser, die bei der Polizei angestellt waren, waren lediglich Fußstreifen, die Vorladungen zu überbringen hatten. Wenn man sie um Hilfe bat, wiesen sie immer auf ihre Machtlosigkeit hin. Bevor die Polizisten den Dienst quittierten, war die Rate der Einbruchdiebstähle weit höher als jetzt. Im Straßenverkehr hat sich die Situation ebenfalls nicht verschlechtert.

Ich darf vielleicht auf ein Beispiel zurückgreifen, das mich persönlich betrifft. Mein verstorbener Vater war eine Persönlichkeit des öffentlichen Lebens. Obwohl seit seiner Ermordung mehr als zwei Jahre vergangen sind, hat die Polizei seine Mörder noch nicht vor Gericht gestellt. Nach seinem Tod ließen die israelischen Medien in der ganzen Welt verlauten, daß wieder einmal ein gemäßigter Palästinenser dem PLO-Terror zum Opfer gefallen sei. Vielleicht nahmen die Sicherheitskräfte anfangs wirklich an, daß der Mord an meinem Vater politisch motiviert war. Da sie darin einen weiteren Beweis für ihren Mythos vom PLO-Terror und der Geiselbevölkerung sahen, zogen sie es vor, Beweise, die gegen ihre Theorie sprachen, zurückzuhalten. Diese Beweise hatten sie übrigens bereits sehr früh in Händen.

Es gibt gute Gründe anzunehmen, daß die Polizei mehr weiß, als sie bereit ist zuzugeben. Warum sollte die Polizei nicht zur Zusammenarbeit bereit sein, um einen Mordfall zu lösen? Weil die Polizei nie dort eingesetzt wurde, um die Interessen der lokalen palästinensischen Bevölkerung zu schützen. Das legitime Ziel, Gesetz und Ordnung sicherzustellen, war lediglich ein Vorwand, der Israel genehm war, um Änderungen der Gesetze und der Verwaltung vorzunehmen, die völlig anderen Zwecken dienen sollten. Durch ihr Nicht-Vorhandensein ermutigte die Polizei Korruption und schützte darin verwickelte Personen.

Der »Einbrecher«, der in das Geschäft in Ramallah eindrang, trug zwei kleine Säcke bei sich, in denen er die Kleider transportieren wollte. Er suchte sich den am besten einzusehenden Laden der Stadt aus, so daß die Botschaft klar ist: Ohne Polizei werden Einbrüche an der Tagesordnung sein. Die Armee patrouilliert gewöhnlich nachts nicht in den Straßen. Wie sie es schaffte, so schnell zu kommen, und warum sie so sehr daran interessiert war, den Dieb zu retten und keine Fragen an den Besitzer zu stellen, um den Fall zu klären (wie man es von einer Behörde verlangen könnte, die Gesetz und Ordnung aufrecht erhalten will) versetzt uns – vorsichtig ausgedrückt – in Erstaunen.

Es scheint bisher so, als ob die palästinensische Gemeinschaft die Verbrechen verhindern wird, die in Zeiten des Chaos häufig auftreten. Vielleicht können sie so wachsam nicht bleiben. Aber es besteht kein Zweifel darüber, daß die Situation wenigstens nicht schlimmer wird als zu Zeiten, als Palästinenser bei der Polizei Dienst taten. Dem Mythos, daß die israelische Besatzung den Palästinensern zu Gesetz und Ordnung verhilft, hat hier nie jemand Glauben geschenkt. Zweifel, daß es uns auf uns selbst gestellt vielleicht schlechter ergehen würde, sind schnell zerstreut worden.

Da die alten Mythen zerstört wurden, benötigen die Israelis dringend neue, wenn sie überleben wollen. Gewehre allein werden nicht ausreichen.

(aus: *Palästina Bulletin* Nr. 14/88, 8. 4. 1988)

Raja Schehadeh, der Autor des Artikels, ist ein prominenter Anwalt aus Ramallah und einer der führenden Mitarbeiter der Organisation »Law in the Service of Man«.

Die »Volkskomitees«

Einer der hervorstechenden Züge der Erhebung ist die Entstehung zahlreicher »Volkskomitees«. Diese neuen Strukturen sind mehr als bloß vorübergehende Komitees, die für einen begrenzten Zeitraum wirken. Sie stellen eine bleibende strukturelle Veränderung in der Organisationsform der palästinensischen Gesellschaft dar.

Ursprünglich wurden in Dörfern, Lagern und Stadtvierteln Komitees gegründet, um bestimmten Bedürfnissen in diesen Gemeinschaften zu entsprechen:

– Als nächtliche Angriffe der Siedler und der Armee auf Orte und Viertel sich häuften, wurden Komitees zur nächtlichen Bewachung gebildet, so daß die Bevölkerung darauf vorbereitet werden konnte, sich gegen drohende Angriffe zu verteidigen.

– Wegen der langdauernden Ausgangssperren und Belagerungen wurde es nötig, Lebensmittel zu beschaffen und in den belagerten Gemeinschaften zu verteilen. Zu diesem Zweck wurden Versorgungskomitees gebildet, die als Verteiler von Lebensmitteln in ihren Vierteln fungierten und sich mit anderen Komitees koordinierten, die Lebensmittel als Spenden von Bauern und Händlern einsammelten.

– Alle Erziehungsinstitutionen in der Westbank sind seit Dezember geschlossen. Die Armee hat Schüler und Lehrer gewaltsam davon abgehalten, in ihre Schulen und Universitäten zurückzukehren. Im ganzen Land sind Erziehungskomitees gegründet worden, die Unterricht für Schüler organisieren. In vielen Städten erhält jetzt (d. h. Ende April 1988) ein großer Teil der Schüler Unterricht.

– Freiwillige Arbeitskomitees haben eine Vielzahl von Aufgaben übernommen, die normalerweise in den Bereich von öffentlichen Dienstleistungen fallen würden, wie Straßenreinigung, Müllabfuhr, Landerschließung und verschiedene soziale Dienste für Bedürftige.

– In Reaktion auf die einschneidenden Beschränkungen der Bewegungs- und Berichterstattungsfreiheit von Journalisten sind Komitees für Öffentlichkeitsarbeit gebildet worden, die sich auf die Basis stützen und Informationen über den Aufstand verbreiten. Sie sind mit dem nationalen Informationskomitee in Gaza und dem *Facts*-Informationskomitee in der Westbank kurzgeschlossen.

– Die israelischen Behörden haben eine Vielzahl von Maßnahmen gegen den landwirtschaftlichen Sektor ergriffen. Dazu gehören die Schließung von Großmärkten und von Einzelhandelsgeschäften, das Verbot von Exporten nach Jordanien und schwere Beschränkungen des Verkehrs von landwirtschaftlichen Produkten innerhalb des Landes. Die Bauern haben darauf reagiert, indem sie ihre eigenen Komitees gründeten, die ihre Produkte direkt transportieren und den Endverbrauchern verkaufen, ohne auf zentralisierte Strukturen angewiesen zu sein.

– Die Bewegung für die »Heimökonomie« hat die Bevölkerung in der ganzen Westbank mobilisiert. Fast jedes dafür geeignete Stückchen Land ist dieses Jahr bebaut worden, um die Selbstversorgung der Bevölkerung mit Lebensmitteln so umfassend wie möglich und den Kauf von israelischen oder importierten Produkten, der nur der israelischen Wirtschaft nützt, so gering wie möglich zu halten. Zu diesem Zweck sind in den meisten Dörfern und Lagern in der Westbank Landwirtschaftskomitees gegründet worden.

– Händlerkomitees wurden gebildet, um Streikaktivitäten zu koordinieren. Dadurch ist erreicht worden, daß die Proteststreiks der Händler gleichzeitig stattfinden und die Israelis diese Streiks nicht brechen können.

Diese Komitees erwuchsen ursprünglich aus konkreten örtlichen Bedürfnissen. Ihre Arbeit ist aber durch die Bildung von Dorf-, Lager- und Nachbarschaftskomitees konsolidiert worden, die die Aktivitäten der verschiedenen Gruppen koordinieren. Diese »Volkskoordinationskomitees« bestehen aus gewählten Vertretern der verschiedenen eben beschriebenen Unterkomitees. Sie sind basisorientierte demokratische Organisationen der Bevölkerung, denn deren Mehrheit nimmt nun an der Arbeit der Unterkomitees teil.

In den Städten werden die Nachbarschaftskomitees auf einer höheren Ebene von umfassenderen Stadtkomitees koordiniert. Diese Strukturen sind nicht ausdrücklich politisch. Sie fungieren als demokratische Strukturen lokaler Organisation. Sie sind auch nicht illegal. Es gibt keine Gesetze gegen die Bildung informeller Komitees dieser Art. Es gibt im Land eine alte Tradition der Bildung von freiwilligen Selbsthilfekomitees, und es existiert kein rechtlicher Präzedenzfall, der zeigen würde, daß die Arbeit von freiwilligen Komitees an sich illegal ist. Es ist aber keine Frage, daß die Bevölkerung der Westbank und Gazas die vereinigte Führung des Aufstands und die PLO unterstützt. Die erwähnten Basisorganisationen stehen daher der Führung des Aufstands loyal gegenüber.

Die zentralisierten Institutionen, die normalerweise der Bevölkerung ihre Dienstleistungen zur Verfügung stellen würden, sind während des Aufstands total lahmgelegt worden. Die Leute haben neue Stärke und neues Selbstvertrauen dadurch gewonnen, daß sie ihre eigenen Dienstleistungen in völlig demokratischer und partizipatorischer Weise organisiert haben.

Diese neuen Strukturen sind jetzt gebildet worden als die legitimen Organe, in denen sich die Bevölkerung organisiert. Eine der klaren politischen Forderungen der Erhebung war der Rücktritt der ernannten Stadt- und Dorfratsvorsitzenden. Die von Israel kontrollierten und die projordanischen Institutionen im Land sind nun in den Augen der Leute völlig marginalisiert worden. Diese haben ihre eigene Alternative entwickelt, die *ihre* Bedürfnisse erfüllt, nicht die Israels oder Jordaniens.

So vollzieht sich unter der Oberfläche gewaltsamer Auseinandersetzungen eine tiefere Umstrukturierung der palästinensischen Gesellschaft. Diese unabhängigen palästinensischen Organisationen verkörpern den neuen Geist, den die Erhebung mit sich gebracht hat. Es ist dieser Geist palästinensischen Selbstvertrauens und palästinensischer Unabhängigkeit, der sich nicht mit weniger als einem unabhängigen palästinensischen Staat zufriedengegeben wird.

Auch wenn die Intensität der Auseinandersetzungen zwischen den Palästinensern und den Militärbehörden gelegentlich zurückgeht, so konsolidiert sich doch die Basis des Aufstands und schlägt tiefere Wurzeln durch diese lokalen Organisationen der Bevölkerung. Sie sind ein praktischer Ausdruck der zentralen Forderung der Erhebung: des Rechts der Palästinenser, ihre Zukunft selbst zu bestimmen.

(aus: *Facts* Nr. 8, 24.–30. 4. 1988)

Wenn dieser Text noch von der Legalität der Volkskomitees ausgeht, so sind sie seitdem von der Besatzungsmacht schrittweise illegalisiert worden:

Am 1. Juli bestätigte der israelische Befehlshaber der Zentralregion, Amram Mitzna, daß den Behörden an einer Begrenzung des Abkopplungsprozesses liegt, als er im israelischen Fernsehen verkündete, daß »die Bildung von Volkskomitees gegen das Gesetz ist. Jede Person, die mit diesen Komitees zusammenarbeitet, wird bestraft werden ... Die Zivilverwaltung (d. h. die Militärbehörden, Anm. von *Facts*) ist die einzige Autorität in den besetzten Gebieten ...«.

Facts weiß von keinem israelischen, jordanischen, ägyptischen oder sogar osmanischen Gesetz, das die Bildung informeller Komitees verbietet. Es wird interessant sein, die rechtlichen Argumente zur Kenntnis zu nehmen, die beispielsweise gegen landwirtschaftliche Komitees ins Feld geführt werden, wenn Mitzna versucht, seine Drohung wahrzumachen. Die Kunst, Tomaten anzubauen, wird dann wohl aus Sicherheitsgründen für geheim erklärt werden.

(aus: *Facts* Nr. 16, 27. 6.–2. 7. 1988)

Jerusalem. – Die israelische Besatzungsmacht hat am Donnerstag die palästinensischen Volkskomitees im Westjordanland und im Gazastreifen für illegal erklärt. Jeder Araber, der weiterhin einem solchen Komitee angehört oder es unterstützt, werde verhaftet und vor Gericht gestellt werden, heißt es in der Verlautbarung. Die Volkskomitees sind die Basisorganisationen des Widerstands und befolgen Direktiven der Untergrundführung der Intifada. Sie organisieren nicht nur Demonstrationen, sondern versorgen auch in Not geratene Palästinenser mit Nahrung und Medikamenten. Die israelische Regierung wirft ihnen vor, der verlängerte Arm der palästinensischen Guerillagruppen zu sein und Gewalttaten zu organisieren.

(aus: *Tages-Anzeiger* (Zürich), 19. 8. 88, AP-Meldung)

In den letzten fünf Monaten sind mehr als 200 Palästinenser von israelischen Soldaten und Siedlern getötet worden, während nicht ein Israeli bei den Zusammenstößen von einem Palästinenser getötet wurde.

Warum sind während des Aufstands keine Israelis von palästinensischen Demonstranten getötet worden? Es ist klar, warum so viele Palästinenser getötet wurden: Die israelische Armee setzt ein beträchtliches Arsenal an scharfer Munition, Gummigeschossen und Tränengas ein. Die Palästinenser andererseits haben nur Steine und gelegentlich Molotowcocktails. Aber seit Dezember gab es viele Gelegenheiten, bei denen es durchaus in der Macht von Palästinensern stand, israelische Soldaten zu töten, und doch haben sie es nicht getan.

Das bekannteste Beispiel ist Beita. Sogar nach der Erschießung zweier Palästinenser ließen die Leute des Dorfs die Siedler laufen, als sie sie einmal entwaffnet hatten, ja sie eskortierten sie sogar in Sicherheit. Bemerkenswerterweise benutzten die Einwohner von Beita die Schußwaffen, die sie den Siedlern abgenommen hatten und die noch scharf geladen waren, nicht, sondern entschlossen sich, sie zu zerstören. Es stimmt, einige Dorfleute warfen Steine auf die Siedler; aber sogar der Generalstabschef der Armee Schomron bemerkte, die Einwohner von Beita hätten die Siedler nicht töten wollen.

In Idna wurden Soldaten, die ihre Munition verschossen hatten, unverletzt freigelassen, nachdem ihr Wagen angezündet worden war.

Selbst in der Hitze der Schlacht, während Demonstranten angeschossen und geprügelt wurden, haben Palästinenser nicht ein einziges Mal ihre Wut an Soldaten oder Siedlern ausgelassen, die sie gefangen und entwaffnet hatten. In allen Fällen wurden ihre Waffen zerstört und sie selbst freigelassen.

Es gab während der Erhebung viele Zwischenfälle dieser Art, über die nicht berichtet wurde, weil sie nicht nachrichtenträchtig schienen, oder die von den israelischen Militärbehörden unterdrückt wurden. Diese Zwischenfälle beleuchten jedoch einen bezeichnenden Umstand: Es ist nicht die Absicht der Demonstranten, Israelis zu töten.

Es hat sich erwiesen, daß diese Taktik als allgemeines Prinzip des Aufstands klare Vorteile mit sich bringt: Die Beita-Affäre hat gezeigt, daß die Armee nur darauf wartet, jede Gemeinschaft, in der ein Israeli getötet wird, massiv zu bestrafen. Im Fall von Beita wurden schwere Repressalien geübt, obwohl das Siedlermädchen nicht von einem Palästinenser getötet worden war.

Die Erhebung ist in erster Linie eine Bewegung der Mobilisierung der Bevölkerung zum zivilen Ungehorsam. Natürlich sind die Formen des Protests nicht ausschließlich gewaltlos. Aber das Steinewerfen war und ist in erster Linie ein Mittel, Protest kundzutun. Die Steine haben bewirkt, daß Israel und die Welt jetzt aufmerksam geworden sind. Die Steine sind auch ein Mittel, mit dem sich Orte gegen Angriffe der Armee und der Siedler verteidigen.

Israel setzt das Steinewerfen mit tödlicher Gewalt gleich und versucht so, ein Bild von den palästinensischen Demonstranten als wilder, von irrationalem Haß durchdrungener Mob zu zeichnen. Während Israel die Palästinenser beschießt, prügelt und mit Tränengas bekämpft, stellt die israelische Propagandamaschine die Demonstranten als wilde Bestien dar. In Wirklichkeit sind die Demonstrationen gut organisiert und diszipliniert. Sowohl die Aktionen der Verteidigungskomitees wie die Demonstrationen werden sorgfältig geplant und durchgeführt. Diese politische Reife wurde in der Zurückhaltung gegenüber Soldaten bewiesen, selbst wenn die Möglichkeit bestand, ihnen ein Leid anzutun.

Wer die Aufgabe hat, den Aufstand zu beschreiben, sollte sich vornehmen, ein Bild von den Demonstranten zu zeichnen, das über das Bild des wütenden Mobs hinausgeht. Sicherlich gibt es Wut, aber es gibt auch Klarheit über die Ziele und Disziplin in den Aktionen. Die Demonstranten sind in einem sehr realen Sinn heldenhaft. Sie sind bereit zu sterben. Viele haben es getan. Sie rufen aber nicht nach Rache oder blinder Zerstörung. Sie rufen nach Gerechtigkeit.

(aus: *Facts* Nr. 10, 8.–21. 5. 1988)

Die Generation der Erhebung

Mit der palästinensischen Gemeinschaft hat sich in den letzten sieben Monaten eine psychologische Veränderung vollzogen. In den vergangenen 20 Jahren hat Israel mit Gewalt über die besetzten Gebiete geherrscht, wobei es sich auf seine Fähigkeit verließ, die Bevölkerung zu verängstigen und sie so von Widerstand abzuhalten. Verhaftungen, Folter, Schläge, Hauszerstörungen und Deportationen wurden von den Besatzungskräften stets angewandt, um Unzufriedenheit zu unterdrücken.

Demgegenüber haben die Ereignisse der letzten sieben Monate bei den Palästinensern eine neue Haltung geschaffen, die nun andauern wird: Die Leute haben ihre Furcht vor den israelischen Maßnahmen verloren.

Statt Abschreckungswirkung zu produzieren, hat das Arsenal des Terrors, das die Armee während der Erhebung losgelassen hat, eine ganz andere Wirkung gezeigt: Die Palästinenser haben sich an den israelischen Terror gewöhnt. Israel hat die Bevölkerung mit einem außergewöhnlichen Fächer von Maßnahmen angegriffen, und die Palästinenser haben dem standgehalten. Die neue Realität ist, daß diese Maßnahmen ihre Abschreckungswirkung verloren haben. Diese Erscheinung ist bei den Kindern und Jugendlichen besonders stark ausgeprägt, wie die folgenden beiden Geschichten zeigen.

Letzte Woche ging in Gaza ein elfjähriger Junge eine Seitenstraße entlang und sah, daß ihn ein Soldat von einem nahegelegenen Dach beobachtete. Dem Soldaten gefiel die Art nicht, auf die der Junge seinen Blick erwiderte, und er rief ihm zu, er solle aufhören, ihn anzustarren, sonst würde er schießen. Der Junge starrte den Soldaten weiter an und stieß ein paar Flüche aus; daraufhin schoß der Soldat aus kurzer Entfernung ein Gummigeschoß auf ihn ab. Der Junge liegt jetzt im Krankenhaus; es besteht die Gefahr, daß er eine Auge verliert. Er tut den Vorfall als »bloß eine von diesen Sachen« ab.

In Nablus ging ein sechsjähriges Mädchen auf eine Gruppe von Soldaten zu, die auf dem Dach ihres Hauses postiert waren. Sie nahm eine Handvoll Steine auf und fing an, sie nach den Soldaten zu werfen. Diese rannten auf sie zu, sie aber blieb stehen und versuchte nicht einmal zu fliehen. »Warum greifst du uns an?« riefen sie. »Weil ich will, daß ihr von meinem Haus weggeht«, rief sie herausfordernd zurück. »Das ist mein Haus, und euer Tränengas kommt in mein Zimmer. Haut ab!« Sprachlos über diesen Mut eines kleinen Kindes, verprügelten die Soldaten sie nicht. Andere Kinder hatten nicht so viel Glück.

Es ist viel über die »Generation der Besatzung« geschrieben worden, die während der 20 Jahre der israelischen Herrschaft aufgewachsen ist und einen neuen Geist des nationalen Kampfs mitbringt. Die erste Besatzungsgeneration leitet nun den Aufstand. Die kommenden Jahre werden der neuen »Generation der Erhebung« gehören. Der neue Geist ist schon geprägt worden: die unnachgiebige Forderung nach einem unabhängigen palästinensischen Staat und die Bereitschaft zu jedem persönlichen Opfer im Kampf um dieses Ziel. Diese Generation nimmt Verhaftungen, Schläge, Folter und sogar den Tod als den Preis in Kauf, der bezahlt werden muß.

Die neue Generation hat kaum etwas durch ihren Protest zu verlieren. Sie fühlt, daß sie schon alles verloren hat. Ohne einen eigenen Staat sieht sie keine Zukunft für sich selbst oder ihre Kinder. Engagierte politische Arbeit war auf radikale Minderheiten beschränkt – jetzt ist sie ein Teil des alltäglichen Lebens in allen Gemeinschaften geworden.

Israel kann diesen neuen Geist nicht unterdrücken, im Gegenteil: Seine Unterdrückungsversuche haben viel zu der Wut beigetragen, die die neue Haltung nährt. Im Moment scheint Israel fest entschlossen, palästinensische Unabhängigkeit zu verhindern, aber was sind die Alternativen? Die Autonomie- oder Konföderationslösung mit Jordanien liegt nicht mehr auf dem Verhandlungstisch. Das läßt für Israel – und mit ihm für die USA – nur drei Optionen übrig:

1. Die Besatzung könnte fortgesetzt werden, ohne daß Israel in der Lage wäre, den Widerstand zu unterdrücken, obwohl es immer mehr militärische Mittel dafür aufwendet. Wenn dieser Weg gewählt wird, wird Israel die besetzten Gebiete als eine immer schwerere Bürde empfinden, aus der es keine ökonomischen, politischen oder Sicherheitsvorteile mehr ziehen kann. Wie viele Beobachter gesagt haben: »Der Status quo kann jetzt nicht aufrechterhalten werden«. Israel würde auf einer Zeitbombe sitzen.

2. Eine andere Möglichkeit wäre ein gewaltsamer und massenhafter Bevölkerungstransfer, wie ihn Scharon vorgeschlagen

hat, mit dem Ergebnis eines palästinensischen Staates in Jordanien. Während die Unterstützung für eine solche »Endlösung« in Israel wachsen mag, ist es sehr zweifelhaft, daß die USA einen solchen Schritt unterstützen würden. Eine wütende und radikale Nation würde an die Stelle des prowestlichen haschemitischen Hofs treten, und die Opposition der arabischen Massen gegen den Transfer würde die prowestlichen arabischen Führer unter neuen Druck setzen. Diese »jordanische Option« würde den Nahen Osten in einer Richtung destabilisieren, die die US-amerikanischen und israelischen Interessen in der Region bedrohen und nicht fördern würde.

3. Die einzige andere Möglichkeit ist die Schaffung eines unabhängigen palästinensischen Staates auf der Basis der Anerkennung der Souveränität aller Staaten in der Region. Israels Sorge um seine »Sicherheit«, wenn ein solcher Staat zustandekommt, ist unbegründet. Wie die Erfahrung des Libanon gezeigt hat, ist es der palästinensische Staat, der Schutz vor Israel brauchen würde, und nicht umgekehrt.

Die Erhebung hat einen neuen Geist geschaffen und gestärkt: den des konsequenten Kampfs um ein einziges Ziel. Mit der Zeit müssen sowohl Israel wie die USA einsehen, daß ein unabhängiger Staat nicht bloß im Interesse der Palästinenser ist, sondern auch die beste Option für Israel und die USA. Jede andere Möglichkeit wird nur zu noch mehr Blutvergießen führen, wobei dann alle die Verlierer sind.

(aus: *Facts* Nr. 16, 27. 6.–2. 7. 1988)

Literaturhinweise

Hier sind, nach Themenkomplexen geordnet, nur die wichtigsten jeweils herangezogenen Titel genannt, darüber hinaus noch einige wenige informative Werke.

Zur Diskussion um Antisemitismus und Antizionismus in der deutschen Linken:

Redaktion »Arbeiterkampf«, *Deutsche Linke zwischen Israel und Palästina*, Hamburg 1988

Streit um Antizionismus und Antisemitismus, in: *Blätter des IZ3W*, 150, Juni 1988, S. 37–46

Palästina. Ein Alptraum der deutschen Linken (= Pflasterstrand-Sondernummer), September 1982

Dietrich Wetzel (Hg.), *Die Verlängerung von Geschichte. Deutsche, Juden und der Palästinakonflikt*, Frankfurt 1983

Karlheinz Schneider/Nikolaus Simon (Hg.), *Solidarität und deutsche Geschichte. Die Linke zwischen Antisemitismus und Israelkritik*, Berlin 1984 (= Deutsch-israelischer Arbeitskreis für Frieden im Nahen Osten, Schriften Bd. 9)

Zur Problematik der besetzten Gebiete allgemein:

J. Metzger/M. Orth/C. Sterzing, *Das ist unser Land. Westbank und Gaza-Streifen unter israelischer Besatzung*, Bornheim–Merten 1980

Reiner Bernstein (Hg.), *Israel und die besetzten Gebiete. Dokumente, Berichte und Kommentare 1967–1983*, Berlin 1983 (= Deutsch-israelischer Arbeitskreis für Frieden im Nahen Osten, Schriften Bd. 7)

Paul Cossali/Clive Robson, *Stateless in Gaza*, London 1986

Zur wirtschaftlichen Entwicklung, auch zu anderen Komplexen heranzuziehen:

Israel, Central Bureau of Statistics, *Statistical Abstract of Israel* 1968, 1982, 1987

Dass., *Judea, Samaria and Gaza Area Statistics* 1, 2, 3/1987; 1/1988

Israel Shahak, Bericht der Liga für Bürger- und Menschenrechte in Israel, in: Evangelische Akademie Berlin (Hg.), *Nationale und soziale Faktoren im Emanzipationsprozeß des Nahen Ostens*, Berlin 1979, S. 54–60

Brian Van Arkadie, *Benefits and Burdens. A Report on the West Bank and Gaza Strip Economies Since 1967*, New York/Washington 1977

Naseer H. Aruri (Hg.), *Occupation: Israel over Palestine*, Belmont/Mass. 1983

Meron Benvenisti, *The West Bank Data Project. A Survey of Israel's Policies*, Washington/London 1984

Jan Metzger (Hg.), *Auf dem Weg zur Annexion. Die Zukunft von Westbank und Gaza-Streifen nach zwei Jahrzehnten israelischer Besatzung*, Berlin 1986 (= Deutsch-israelischer Arbeitskreis für Frieden im Nahen Osten, Schriften Bd. 13). Teilweise, um weitere Texte ergänzte Übersetzung des vorigen Titels

Meron Benvenisti, *The West Bank Data Base 1986 Report. Demographic, economic, legal, social and political developments in the West Bank*, Jerusalem 1986

Ders., *The West Bank Data Base 1987 Report. Demographic, economic, legal, social and political developments in the West Bank*, Jerusalem 1987

Sara Roy, *The Gaza Strip Survey*, Jerusalem 1986

Meron Benvenisti with Ziad Abu-Zayed and Danny Rubinstein, *The West Bank Handbook. A Political Lexicon*, Jerusalem 1986

Simcha Bahiri, *Industrialization in the West Bank and Gaza*, Jerusalem 1987

David Kahan, *Agriculture and Water Resources in the West Bank and Gaza (1967–1987)*, Jerusalem 1987

Zur Sozialstruktur:

Salim Tamari, The Palestinians in the West Bank and Gaza: The Sociology of Dependency, in: Khalil Nakhleh/Elia Zureik (Hg.), *The Sociology of the Palestinians*, London 1980, S. 84–111

Ders., Building Other People's Homes: The Palestinian Peasant's Household and Work in Israel, in: *Journal of Palestine Studies* Nr. 41, S. 31–66

Zu Recht und Verwaltung:

Raja Shehadeh, *Occupier's Law. Israel and the West Bank*, Washington 1985

Zur Siedlungspolitik und zu den Siedlern:

William Wilson Harris, *Taking Root, Israeli Settlement in the West Bank, the Golan and Gaza-Sinai, 1967–1980*, Chichester u. a. 1980

The Karp Report. An Israeli Government inquiry into settler violence against Palestinians on the West Bank, Washington 1984

Meron Benvenisti, »Wir haben hier eine typische getrennte und ungleiche Gesellschaft«, in: John Bunzl (Hg.), *Das andere Israel. Gespräche mit der Friedensbewegung*, Hamburg 1983, S. 101–104

Mona Rishmawi, *Planning in whose interest? Land use planning as a strategy for judaization*, Ramallah 1986 (= Al-Haq, Occasional Paper No. 4)

Viktoria Waltz/Joachim Zschiesche, *Die Erde habt Ihr uns genommen. 100 Jahre zionistische Siedlungspolitik in Palästina*, Berlin 1986

Peter Demant, Jünger der Erlösung. Ideologische Wurzeln des Gusch Emunim, in: *Babylon*, Heft 4/1988, S. 40-51

Zur Menschenrechtssituation:

H. Spehl, *Spätfolgen einer Kleinbürgerinitiative. Deutschland, Israel und die Palästinenser.* Band 2, *Materialien und Korrespondenzen,* Freiburg 1979

John Bunzl, *Israel und die Palästinenser. Die Entwicklung eines Gegensatzes,* Wien 1982

Emma Playfair, *Demolition and Sealing of Houses as a Punitive Measure in the Israeli-occupied West Bank,* Ramallah 1987 (= Al-Haq, Occasional Paper No. 5)

Außerdem zahlreiche Publikationen von *Al-Haq/Law in the Service of Man,* P. O. Box 1413, Ramallah, West Bank, via Israel

Zu den Wahrnehmungen und Haltungen der Palästinenser:

Raymonda Tawil, *Mein Gefängnis hat viele Mauern. Eine Palästinenserin berichtet,* Berlin/Bonn [2]1985

Sahar Khalifa, *Der Feigenkaktus,* Zürich 1983

Raja Shehadeh, *Aufzeichnungen aus einem Ghetto. Leben unter israelischer Besatzung,* Berlin/Bonn 1983

David Grossman, *Der gelbe Wind. Die israelisch-palästinensische Tragödie,* München 1988

Rafik Schami, Als die Steine flügge wurden. Ein offener Brief an David Grossman, in: *Babylon,* Heft 4/1988, S. 78-85

Zur palästinensischen Politik:

Ibrahim Dakkak, Back to Square One: A Study in the Re-emergence of the Palestinian Identity in the West Bank 1967–1980. in: Alexander Schölch (Hg.), *Palestinians over the Green Line,* London 1983, S. 64–101

Ann Mosely Lesch, *Political Perceptions of the Palestinians on the West Bank and the Gaza Strip,* Washington 1980

Geoffrey Aronson, *Creating Facts: Israel, Palestinians & the West Bank,* Washington 1987

Friedhelm Ernst (Hg.), *Der schwierige Weg nach Palästina.* Arbeitsheft 1, Darmstadt 1981

Alexander Flores, *The Palestinians in the Israeli-Arab Conflict. Social Conditions and Political Attitudes of the Palestinians in Israel, the Occupied Territories and the Diaspora,* Bonn 1984 (= Arbeitspapiere zur Internationalen Politik 32)

Joan Mandell, Gaza: Israel's Soweto, in: *Merip Reports* Nr. 136/137, S. 7–19 u. 58

Penny Johnson, The Routine of Repression, in: *Middle East Report* Nr. 150, S. 3–11

The Uprising: Origins and Directions. *Facts* Special Edition, Jerusalem, 2. 4. 1988

Zur Intifada:

Alexander Schölch, *Palästina im Umbruch 1856-1882. Untersuchungen zur wirtschaftlichen und sozio-politischen Entwicklung,* Stuttgart 1986
Journal of Palestine Studies Nr. 67, 68, 69, Washington 1988
Revue d'études palestiniennes Nr. 28, 29, 30, Paris 1988
Middle East Report Nr. 152 u. 154, Washington 1988
Les Cahiers de l'Orient Nr. 10, Paris 1988
Kitab »Filastin ath-Thaura«: *Al-Intifada* (mehre Bände), Nicosia 1988
Al-Fikr ad-Dimuqrati Nr. 1, 2, 3, Nicosia 1988
Ivesa Lübben/Käthe Jans, *Kinder der Steine. Vom Aufstand der Palästinenser,* Reinbek bei Hamburg 1988
Friede im Land der Bibel (epd-Entwicklungspolitik, Materialien x/88), Frankfurt 1988
Towards a State of Independence. The Palestinian Uprising December 1987 – August 1988 (Nachdrucke aus »Facts«), o. O., o. J.
Israel & Palästina, Sonderheft 16: Mubarak Awad. Chronik einer Deportation
Palestinian Women's Role in the Uprising. Eye-Witness Accounts, Jerusalem 1988
Das I. C. C. P. (International Co-ordinating Committee for NGO's on the Question of Palestine), P. O. Box 2100, CH-1211 Genève 2, hat wichtiges aktuelles Material über die Intifada herausgebracht:
The First 100 Days. The Background to the Palestinian Uprising. NGO's Analysis by ICCP Geneva Office, Genf 1988
The Children of Stones Nr. 1-5, Genf 1988
I. C. C. P., Health and the Palestinian Uprising, Background Paper No. 4/1988, Genf 1988
I. C. C. P. Newsletter, Special Issue: Palestinian Prisoners in the Uprising, Genf 1988

Zu den politischen Konsequenzen der Intifada:

Palästina Nr. 1, Bonn 1988
AIB Dritte Welt Zeitschrift, Sonderheft 1/1989: Von der Intifada zum Palästinastaat
Israel & Palästina, Sonderheft 17: Auf dem Weg zum eigenen Staat. Palästinensische Stimmen zur Intifada
Israel & Palästina, Heft 1-2/89: Der 19. Palästinensische Nationalrat. Berichte, Kommentare, Interviews

Zur Reaktion der israelischen Friedensbewegung auf die Intifada:

Christian Sterzing, Die israelische Friedensbewegung auf neuem Kurs? in: *Blätter des IZ3W,* 150, Juni 1988, S. 23-25
Jörn Böhme, Die israelischen Friedenskräfte und die Intifada, in: *Israel & Palästina,* Heft 2/88, S. 9-18
Israel & Palästina, Sonderheft 15: Grenzen der Macht. Israelische Stimmen zur Intifada

Hajo Funke/Christian Sterzing (Hg.), *»Frieden jetzt« – Geschichte und Arbeit israelischer Friedensgruppen,* Frankfurt 1989 (= Deutsch-israelischer Arbeitskreis für Frieden im Nahen Osten, Schriften Bd. 16)

Einige nützliche Quellen und Adressen zur Information über die besetzten Gebiete:

Facts. Weekly Review (Jerusalem): Über I. C. C. P. zu beziehen
Al-Fajr. Jerusalem Palestinian Weekly: P. O. Box 19315, East Jerusalem, via Israel
Al-Haq/Law in the Service of Man: P. O. Box 1413, Ramallah, West Bank, via Israel (vor allem Informationen zu Menschenrechtsfragen)
Birzeit University: P. O. Box 14, Birzeit, West Bank, via Israel
Jerusalem Media and Communication Centre: P. O. Box 25047, East Jerusalem, Israel
The Other Israel: P. O. Box 956, Tel Aviv 61008, Israel
News From Within: P. O. Box 24278, Jerusalem, Israel
Middle East Report, MERIP: Room 518, 475 Riverside Drive, New York, NY 10115, USA
I. C. C. P.: P. O. Box 2100, CH-1211 Genève 2
Palästina Bulletin: August-Bier-Str. 33, 5300 Bonn 1
Deutsch-Palästinensische Gesellschaft e. V.: Am Hüwel 43, 4710 Lüdinghausen
Israel & Palästina. Zeitschrift für Dialog: Bahnhofstr. 148, 6732 Edenkoben
FreundInnen des palästinensischen Volkes e. V.: Postfach 30 41 45, 2000 Hamburg 4

Israelische Friedensinitiativen:

Yesh Gvul: P. O. Box 4172, Tel Aviv 61041, Israel
Ha Shana ha 21: P. O. Box 24099, Jerusalem 91240, Israel
Dai le Kibush: P. O. Box 3742, Jerusalem, Israel

Spendenkonten für medizinische Projekte in den besetzten Gebieten:

Medico International, Obermainanlage 7, 6000 Frankfurt 1
Konten: Nr. 1800 bei Stadtsparkasse Frankfurt, Nr. 6999-508 bei Postgiro Köln, jeweils Stichwort Palästina
Komitee für soziale und medizinische Hilfe für Palästinenser, Susi Anderle, Mommsengasse 15/6, 1041 Wien
Konto: Nr. 668 054 604 bei Zentralsparkasse Wien
Centrale Sanitaire Suisse, Regionalsektion deutschsprachige Schweiz, Postfach 145, 8031 Zürich
Konto: Postscheck 80-7869-1, Vermerk Palästina

Chronologie

1882	Beginn der zionistisch motivierten jüdischen Einwanderung in Palästina
1897	1. Zionistischer Kongreß in Basel. Beschluß des zionistischen Programms
1917	Britische Zusicherung der bedingten Unterstützung des zionistischen Projekts (Balfourdeklaration)
1918	Niederlage des Osmanischen Reichs im 1. Weltkrieg. Britische Truppen besetzen Palästina
1920	De facto Beginn des britischen Mandats über Palästina (formelle Ratifizierung 1923)
1929	Augustunruhen um die Heiligen Stätten
1933 ff.	Verstärkte jüdische Einwanderung in Palästina
1936–39	Arabischer Generalstreik, später regelrechte Bauernerhebung. Wird von den Briten niedergeschlagen. Das britische »Weißbuch« von 1939 kommt aber den arabischen Forderungen entgegen
1942	Biltmore-Programm der Zionisten, in dem erstmals offen die Gründung eines jüdischen Staates in Palästina anvisiert wird
1947	UN-Teilungsresolution für Palästina
1948	Mitte Mai. Ende des britischen Mandats, Ausrufung des Staates Israel, daraufhin (bis 1949) 1. arabisch-israelischer Krieg. Der von der UNO vorgesehene arabische Staat in Palästina wird von Israel und Jordanien gemeinsam verhindert
1956	Israelisch-britisch-französischer Krieg gegen Ägypten. Israel besetzt Gaza und Sinai, zieht sich aber auf amerikanischen und sowjetischen Druck hin wieder zurück
Späte 50er Jahre	Gründung von Fatah, einer autonom-palästinensischen Widerstandsbewegung
1964	Gründung der PLO auf Initiative der arabischen Staaten. In den späten 60er Jahren Übernahme durch die bewaffneten Widerstandsgruppen
1967	Junikrieg. Schwere arabische Niederlage. Besetzung der Westbank, des Gazastreifens, des Sinai und des Golan durch Israel
1967	Schon bald nach dem Krieg Allon-Siedlungsplan. Erste jüdische Siedlungen. Palästinensischer Widerstand, der aber bald zerschlagen wird
1970/71	Vertreibung der bewaffneten palästinensischen Widerstandsbewegung aus Jordanien. Stagnation der Bewegung in den besetzten Gebieten
1973	August. Gründung der PNF (Palästinensische Nationalfront)
1973	Oktober. Oktoberkrieg, dessen Ergebnis die allmähliche Herausbildung einer neuen palästinensische Strategie initiiert
1974	Juni. 12. palästinensischer Nationalrat, der ein Etappenprogramm beschließt

1974	Oktober. Arabische Gipfelkonferenz in Rabat, die das Etappenprogramm gutheißt und die PLO als einzige legitime Vertretung der Palästinenser anerkennt
1976	April. Kommunalwahlen in der Westbank, aus denen die pro-PLO-Kandidaten als Sieger hervorgehen
1977	Mai. Bei den Wahlen in Israel kommt Likud an die Macht
1977	Oktober. Eine gemeinsame Erklärung von Carter und Breschnew fordert umfassende Nahostregelung im Rahmen der Genfer Konferenz. Heftige Opposition Israels
1977	November. Sadat-Friedensinitiative
1978	September. Verträge von Camp David. Heftige Opposition der Palästinenser, die ihre nationalen Bestrebungen durch die vorgesehene Autonomie mißachtet sehen. Gründung des NGC (Nationales Führungskomitee) in den besetzten Gebieten (1982 verboten)
1979	März. Israelisch-ägyptischer Friedensvertrag
1980	März. Auf einen Kabinettsbeschluß, Juden mitten in Hebron siedeln zu lassen, folgen zwei Monate dauernde schwere Unruhen. Anfang Mai werden sechs Siedler bei einem palästinensischen Anschlag in Hebron getötet. Anfang Juni werden zwei palästinensische Bürgermeister bei Sprengstoffanschlägen jüdischer Terroristen verstümmelt
1980	November. Die Universität Birseit wird geschlossen. Neue Unruhen
1981	November. Einführung einer »Zivilverwaltung« in den besetzten Gebieten (Militärbefehl Nr. 947). Palästinensische Proteste dagegen
1982	März. Einige der 1976 gewählten Bürgermeister werden abgesetzt, weil sie nicht mit der Zivilverwaltung zusammenarbeiten. Heftige Unruhen, die viele palästinensische Todesopfer fordern
1982	Juni. Libanon-Invasion, mit dem erklärten Ziel, die PLO zu zerschlagen und damit auch dem Nationalismus in den besetzten Gebieten den Todesstoß zu versetzen
1983/84	Rebellion in Fatah, Spaltung der PLO. In den besetzten Gebieten eine Periode der Frustration und politischen Stagnation
1985	August. Ankündigung einer neuen Auflage der »Politik der eisernen Faust«. Vermehrte Ausweisungen, Administrativhaftbefehle, Hauszerstörungen usw. Häufung von individuellen, spontanen Gewaltakten von Palästinensern
1987	April. 18. palästinensischer Nationalrat. Die Spaltung der PLO wird rückgängig gemacht
1987	Dezember. Ausbruch der Intifada

Über den Autor

Alexander Flores ist Soziologe und Orientwissenschaftler. Er beschäftigt sich seit Jahren mit der Sozialgeschichte des modernen Vorderen Orients und dem israelisch-palästinensischen Konflikt. Von 1982 bis 1985 lehrte er an der Birseit Universität (Westbank). Er veröffentlichte u. a.: *Nationalismus und Sozialismus im arabischen Osten* (Münster 1980); *Palästinenser in Israel* (mit Alexander Schölch, Frankfurt/M. 1983); *The Palestinians in the Israeli-Arab Conflict* (Bonn 1984).